Timeless Wisdom
for the Modern World II

Shihyun Kim, Ph.D.

Timeless Wisdom
for the Modern World II

Shihyun Kim, Ph.D.

We want to hear from you. Please send your comments about this book to us in care of eternalspring2013@gmail.com.
Thank you.

ISBN-13: 978-0-9905310-8-1

I dedicate this book
to the readers

and

to those who are looking for a spark of light of wisdom
among the darkness of humanity.
Be happy forever.

CONTENTS

Preface

The reason why life is difficult and fearful is because we do not know the right way to go. Will we ever regret a choice that cannot be reversed or goes astray? What will happen tomorrow? Will we indeed be able to resolve the matters we encounter and be well? We, suddenly and often, are frustrated and seized with the feeling of anxiety during our hectic day-to-day life.

But wouldn't it be great if we knew the right direction, or could find exactly where to go at every crossroad and at every moment of choice in life because we have milestones and guidebooks to find the right ways? Of course, there are many great and helpful books around us, and they sometimes do have great advice. However, it is difficult to find the exact words that guide us, or touches our hearts during the moments we make decisions.

We do not need a book that is thrown out once read, but, instead, we need a book that unfolds and distills its ideas during our moments of decision making. We need a book that can be tasted and absorbed; a book that penetrates deeply between each line of text. This book is such a book. This book is truly a lucid guidebook in life given by the Korean ancients. It is a treasure of indisputable wisdom that can resolve any issues that life may beat down on us.

Perhaps when you open this book again you will think to yourself, "Oh, this sentence affects me today differently. Why do these words feel new today, just as if I'm reading it for the first time? The words have a deeper meaning today. How do the contradictions of life look so transparent today?" This is not from the theories of studies and knowledge from the world. It is because we need to comprehend the essence of wisdom by engraving the teachings in our hearts and even into our bones after reading it hundreds of times profusely.

If even one word from someone's life could be delivered to the next generation effectively and influentially, it would be great.

I believe that spending my own time to write this book was a huge benefit for my life, and it became a strength to be able to stay on this journey that benefits people. I am truly grateful for this opportunity and privilege that the universe has given me, with my head bowed deeply.

Words containing very kind and nice meaning can be said by anybody. But it is never easy for someone to take responsibility for their own words. It is natural that people try to find excuses or avoid responsibility if a problem occurs because of what they say.

I sincerely hope that as many readers find and read this book and have a chance to live their lives correctly with the teachings by having a small milestone and brightness in their lives. I wish for everyone to be happy by realizing that their lives are enjoyable and that they'd wait for tomorrow and slowly grow with fulfillment in life.

Shihyun Kim, Ph.D.

December, 2017

Acts of Heaven 하늘의 작업

You probably have experienced an incident where things resolve miraculously during a time of difficulties. There are times when your wisdom comes out and you've completed an important project immediately before its deadline. This is heaven's way of telling that an opportunity will be delivered if you continue to try. Therefore, you must never give up even if it's little bit difficult. You cannot complete any artwork with that kind of attitude.

평장히 어려울 때 극적으로 일이 해결 되는 경험을 한 적이 있을 것이다. 중요한 프로젝트도 마감시간이 임박해서야 지혜가 나와 처리 해내는 경우도 많다. 이런 것들은 끝까지 노력할 때 기회가 온다는 것을 하늘이 알려주시는 것이다. 그래서 조금 어렵다고 포기 해버리면 안 되는 것이다. 그래서는 어떠한 작품도 완성시킬 수가 없다.

You can accomplish any work if you overcome hardships. You always fail because you have not overcome them. If you work continuously, the time will come when Mother Nature will help you.

어떤 일이든 고비를 넘겨야 이룰 수 있는 법이다. 이 고비를 넘기지 못하기에 항상 실패를 하는 것이다. 끝까지 일을 해나가다 보면 분명 천지대자연이 너를 도울 때가 온다.

Mother Nature is always watching over you. She's watching to see whether you have made up your mind, whether you have the determination to overcome hardships. She will let you fall down if you get tired and give up and she will grant you an opportunity if you gather more strength. This is the criteria for how Mother Nature views you.

천지대자연은 언제나 너를 지켜보고 계신다. 마음은 정했는가, 어려움을 이겨낼 각오는 되었는가를 지켜보고 계신다. 네가 먼저 지쳐 포기하면 할 수 없구나하고 떨어뜨리고 여기서 조금만 더 힘을 내면 좋은 기회를 준다. 이것이 대자연이 너를 보는 면접이다.

In all circumstances, be thankful and receive. Mother Nature will help such a person.

어떤 환경이든 항상 감사히 여기고 받아들이라. 이런 사람은 천지대자연이 스스로 돕는다.

Mother Nature has never attempted to cause you inconvenience. Trust in Mother Nature and God.

천지대자연이 너를 불편하게 하려고 한 적은 절대 없다. 대자연을 믿고 하느님을 믿으라.

Are you living to earn and feed yourself? Are you living to live a wonderful life? Heaven is constantly asking you what kind of life you desire to live.

밥이나 벌어먹고 살고자 하느냐? 멋진 인생을 살고자 하느냐? 네가 어떤 삶을 살고자 하는지 하늘은 항상 그것을 묻고 계신다.

Heaven will always watch over and protect those who try to learn, work hard, and study.

열심히 일하고 배우고자 하는 자, 공부하는 자는 하늘이 늘 지켜보시고 보호해 주신다.

Do not complain that you are lonely and tired. Heavenly Father is watching you with tears of blood, trying to make you right.

외롭다 하지 말고 힘들다고도 하지 마라. 너 하나 바르게 만들기 위해서 천지 어버이는 지금도 피눈물로 너를 지켜보고 계신다.

When parents don't give an allowance to their children it's not because they hate them. Likewise, the reason why God created difficult circumstances in front of you is to make you think outside and to make you try.

부모가 자식에게 용돈을 안 줄 때에는 미워서 그런 것이 아니듯 하느님께서 너의 조건을 어렵게 만들어 놓을 것은 노력을 하게끔 하고, 뭔가 다른 생각을 하게끔 하려는 것이다.

When God gives you difficult circumstances, it means to correct your thoughts and change your way of life. Difficult things are happening since you ignore God and stubbornly push yourself.

하느님이 네게 어려움을 줄 때는 네 생각을 고치고 삶의 방법을 바꾸라는 뜻이다. 그런데 그 말은 듣지 않고 네 고집대로만 계속 밀고 나가니 어려워질 일만 생기는 것이다.

The money that is given to you is heaven's allowance for you to use for studying. If you don't use this money for studying, the money will soon run out and you will come to study without money in sorrow. When this happens, you have to study on your knees even if you don't want to.

네게 주어진 돈은 공부 하라고 하늘이 주신 비용이다. 이 돈을 공부비용으로 쓰지 않으면 그 돈은 곧 떨어지고 서러움을 당하면서 돈 없이 공부해야 할 일이 생긴다. 그때는 무릎 꿇고 싶지 않아도 꿇으며 공부를 해야 된다.

Mother Nature will give you strength if you begin to help the person in front of you from now on but Mother Nature can't give you any strength if you can't help anyone in front of you.

지금부터라도 네 앞의 사람을 도우면 천지대자연이 그 힘을 줄 것이고 네 앞의 누구를 도울 수 없다면 대자연도 네게 힘을 줄 수가 없다.

The neighborhood will take responsibility for those who live for their neighbors; society will take responsibility for those who live for their society. The nation will take responsibility for those who live for their country and humankind will take responsibility for those who live for humankind. Therefore, the God of Mother Nature will take responsibility for those who live for Mother Nature.

이웃을 위해서 사는 사람은 이웃이 책임지고, 사회를 위해 사는 사람은 사회가 책임을 진다. 나라를 위해 사는 사람은 나라가 책임지고 인류를 위해 사는 사람은 인류가 책임을 진다. 그러니 천지대자연을 위해 살아가는 사람은 천지대자연의 하느님이 책임을 지신다.

If you live knowing the right operational law of Mother Nature, your life will not become difficult and you will always enjoy a delightful life but you are encountering all the ill instances because you have walked onto the wrong path.

천지대자연의 운행법칙을 바르게 알고 가면 어려워지지 않고 항상 즐겁게 살 수 있건만 모르고 잘못 가는 바람에 온갖 안 좋은 일들을 만나는 것이다.

The reason why you are dominating the authority with your intelligence, talent, exceptional skills, and financial well-being is because heaven has granted you these abilities. Whether you know it or not you are connected to heaven's vigor and you have been receiving and using it. Therefore, you are the servant of heaven and you ought to live for people.

네가 남보다 총기가 있고 재주가 좋고, 실력이 특출하고 경제가 많아 남보다 우위를 점하고 있는 것은 다 하늘이 능력을 주신 것이다. 네가 알든 모르든, 믿든 안 믿든 하늘의 기운이 너와 연결 돼있고 이것을 받아 네가 쓰고 있었던 것이다. 그러니 너는 하늘의 일꾼이고 백성들을 위해서 살아야만 하는 것이다.

Heaven cannot give you strength when you confront and antagonize each other. Even if you bow 10,000 times, heaven cannot grant a blessing into such a place.

서로 반목과 대치를 하는데 하늘의 힘을 줄 수는 없는 법이다. 아무리 골 만 번을 절을 하고 하느님께 빌어도 그런 곳에 하늘의 축복을 줄 수는 없는 일이다.

No matter how much strength you have acquired financially, where are you going to go? God cannot guide and support you if you don't have a direction.

아무리 힘과 경제를 갖추어 놨어도 이 갖춘 힘으로 어디로 갈 것인가? 네게 방향이 없다면 못 이끌고 못 밀어주시는 것이 하느님이시다.

God cannot help those who are lazy, foolish, and don't try.

게으르고 무식한 자, 노력하지 않는 자는 하느님도 도울 수가 없다.

God can only help if you try to walk correctly. God cannot help if you stubbornly walk only in your ways.

바르게 가려고 노력을 해야 돕는 것이지. 네 방법대로만 가려고 고집을 피우는 자는 하느님도 못 돕는다.

No one, even God, can steal your relationships, if you cherish and utilize them wisely.

네게 준 인연을 아끼고 잘 쓰면 아무도 못 뺏어간다. 하느님도 못 뺏어간다.

Without complaining, do all the works that are given to you. Then heaven will give you strength and authority to manage it. This is known as heaven's law of management.

네게 주어지는 일은 어떤 일이든 불평하지 말고 열심히 행하라. 그러면 하늘이 힘을 주고 그걸 운용을 할 수 있는 자격을 줄 것이다. 이것이 하느님의 운용법이다.

Heaven will make you an environment to unfold yourself only if you equip yourself. Therefore, work hard and equip yourself.

노력해서 너를 갖춰만 놓으면 네가 펼칠 수 있는 환경은 하늘이 만들어준다. 그러니 힘써 너만 갖추라.

Do not desire after things that are not given to you. There is a reason why heaven is not providing it to you, so be thankful.

네게 주지 않은 것을 탐내어 가지려 들지 마라. 하늘이 안 주시는 것에는 그만한 이유가 있기 마련이니 주시지 않는 것을 도리어 고마워하라.

Heaven has granted an opportunity to work for those who desire to work diligently. But now we complain that we don't get paid enough even though we work until our bones rust. Heaven granted you work because you wanted some so is there any reason to complain?

성실하게 일하고자 하는 자들에게 하늘이 일할 수 있는 기회를 주었다. 그런데 이제 와서 우리는 뼈가 빠지게 일을 했는데 들어오는 돈이 없다고 불평을 한다. 하늘이 네가 일을 바래 일을 주었는데 불평할 일이 있는가?

Heaven will prepare a present for you if you try hard and do what must be done, without flaws. However, if you don't try and instead fool around, Heaven will let go of your hand and stop altering the environment. Thus no benefit will be given to you.

그저 티 없이 네 할 일을 열심히 하며 노력하고 있으라. 그러면 하늘도 네게 줄 선물을 준비하신다. 하지만 네가 노력은 않고 손을 놓고 놀고 있으면 하늘도 역시 손을 놓는다. 너의 환경을 바꾸어주는 일을 않고 손을 놓고 보고만 계신다. 이래서는 네게 주어지는 혜택이 없다.

If you offered any organization somethngs with a pure heart, you will receive 10 times more than what you have given. This is known as the operational law of Mother Nature.

아주 깨끗한 마음으로 보시를 했다면 분명히 너에게 열배로 돌아온다. 그것이 천지대자연의 운행법이다.

Heaven does not scold out of hatred; on the contrary, it is Heaven's intention to nurture you. It is up to you to receive this nurturing scolding with a thankful mind.

하늘이 너를 미워서 혼내는 것이 아니고 그걸 달게 받으면 한없이 품어주려고 혼을 내는 것이다. 그러니 잘못을 했을 때는 혼나는 것도 감사하게 받아야 한다.

Is it sinful to be poor? Is it sinful to have difficult life? Yes, they are sins. You are being punished because you haven't realized your wrongdoings.

가난이 죄인가? 죄다. 살기 어려운 것이 죄인가? 죄다. 네 잘못을 아직까지 모르기에 벌을 받고 있는 것이다.

God enabled you to live poorly as he or she wants you to realize the sins you have committed. If you humble and equip yourself while being poor, God will guide you so that you will no longer be poor.

누가 가난하게 살게끔 만들어 놓았는가? 하느님이시다. 네가 지은 죄가 있기 때문에 깨달으라고 가난하게 만든 것이다. 가난한데서 겸손히 네 자신을 갖추고 있으면 너는 가난하지 않도록 하느님이 분명히 이끌어 주신다.

Where is God? Do not go looking around in specific places, as God is with you wherever you go.

'하느님은 어디 계신가?' 찾아다니지 마라. 네가 앉은 자리에 하느님은 언제나 너와 함께 계시느니라.

Mother Nature is our parent and cries bloody tears when she whips us to make us realize our wrongdoings. They embrace their children as soon as they realize and repent. What would be too costly to give to their children?

천지대자연은 우리의 부모이시다. 그 분이 채찍을 들 때는 자식의 잘못을 깨우치게끔 하려고 피눈물을 쏟고 계신 것이다. 그러다가 자식이 잘못을 찾아 반성을 하면 바로 다시 끌어 안아주신다. 자식에게 주는 것이 무엇이 아깝겠는가?

If you have benefitted from one person, you will receive a gift accordingly and if you have benefitted from ten people, you surely will receive a gift according to your deeds.

이 사회의 한 사람을 이롭게 했다면 그 선물을 천지대자연으로부터 분명히 받을 것이며 열 사람을 이롭게 했다면 대자연으로부터 열 사람을 이롭게 한 값어치를 분명히 받게 될 것이다.

Heaven is not helping you because you are living only to earn money and that is no different than an animal. Heaven helps you once you become the person that society needs and you live for.

네가 돈만 벌어먹고 살려 하니 짐승과 다를 바가 없어 하늘이 너를 돕지 않는 것이다. 사회가 필요로 하는 사람이 되어 사회를 위해 살아갈 때 비로소 하늘이 너를 도우신다.

There are times when heaven gives and takes away your wealth. Heaven will take it away when it evaluates you after sometime if you haven't grown enough to manage your wealth. Heaven will knock down your body and take it away if you don't easily let it go.

하늘이 재물을 줄 때가 있고 거두어 갈 때가 있다. 시간이 되어 면접을 보니 이것을 운용을 할 만큼 네가 자라지를 못했다면 다시 걷어간다. 네가 순순히 내놓지 않으려한다면 네 몸을 쳐서라도 걷어간다.

If you don't realize things on your own, Heaven will awaken your realization by sending a mouse to bite your toes while you sleep. As long as you try, Heaven will teach you what you need to learn.

네가 노력을 하는데도 스스로 깨닫지 못하고 있으면 잠잘 때 쥐새끼를 보내 발가락을 물어서라도 번쩍 생각이 들게 해서 깨닫게 해 준다. 네가 노력만 하고 있으면 어떤 방법으로든 하늘이 네가 깨달아야 할 것을 가르쳐 준다.

Even if just a small thought, put out a helpful thought for your neighbor. Then you will receive the energy of the heaven as much as you want and be able to utilize its strength.

아무리 작은 생각을 내도 이웃을 위하는 생각을 내라. 그러면 하늘의 기운을 마음껏 받아서 대자연의 힘을 쓸 수 있게 된다.

As long as you keep trying, opportunities will run towards you even if you don't chase after it. This is known as the work of Mother Nature.

네가 노력을 하고 있으면 기회는 쫓아가지 않아도 네 앞으로 달려온다. 이것이 대자연의 작업이다.

If you seek to meet only good people, this means you are not a skilled person. Try hard and equip yourself with the tools needed. Heaven will deliver the people you need to you.

좋은 사람 만나려고 쫓아다닌다면 넌 아직 실력이 없는 사람이란 뜻이다. 네 자신을 열심히 갖추고 노력하고만 있으라. 너에게 필요한 사람은 하늘이 정확히 네 앞에 데려다 줄 것이다.

Heaven helps you if you seek for strength in restless times. But heaven will also whip you if you continue to desire even after you have acquired all the strength. Heaven helps you until you have risen up to 70% but it will punish you if you continue to seek and fail to fulfill your deeds.

힘이 없을 때는 힘을 갖추기 위해 조금 욕심을 내도 하늘이 돕는다. 하지만 힘을 다 갖춘 후에도 욕심을 내면 하늘이 채찍을 내린다. 네가 70%까지 일어나는 데는 하늘이 돕지만 70%의 힘을 갖추어놓고도 제 할 일은 안하고 욕심만 내면 하늘이 벌을 내리는 것이다.

What you have been trying for the people around you is a prayer that you lift up to the heaven. At any position, whatever we do will be absorbed by Mother Nature. This becomes the prayer that you lift up to the heaven.

네가 주위 사람을 위해서 어떻게 노력하고 있는가가 천상에 올리는 축원이다. 어떤 자리에서든 우리가 하는 행위는 그대로 대자연에 흡수된다. 이것이 스스로 하늘에 올리는 축원이 된다.

Since God is always with you, he or she will manage your thoughts and hearts even without your prayer.

하느님은 너와 항상 함께 하시므로 네 마음이 어떠하며, 네 생각이 어떠한가에 따라서 빌지 않아도 자동으로 다스려주신다.

Do not hang onto heaven to pray but to mend yourself first. Try hard to mend things that have come in front of you correctly. Heaven will help you.

하늘에 매달려 빌지 말고 네 자신을 먼저 어루만지라. 네 앞에 온 것을 바르게 처리하려고만 노력하라. 하늘이 스스로 돕는다.

If you don't know how to wisely utilize a given environment, then you are not a wise person but a person who does not have the right to acquire more strength. Therefore, heaven will not grant you any more strength.

네게 준 환경을 바르게 쓸 줄 모른다면 너는 지혜로운 사람이 아니고 더 힘을 가져야 될 자격이 없는 사람이다. 그렇기에 하늘이 더 이상 힘을 주지 않는 것이다.

Aren't you encountering certain situations while chasing after money, while being sick when things don't turn out as you wish? It is the work of Mother Nature to guide you towards new circumstances.

돈을 쫓다가 보니 어떤 환경을 만나게 되고, 몸이 아프니 어떤 환경을 만나게 되고, 뭔가 네 뜻대로 안 되다 보니 또 다른 환경을 만나지 않더냐? 이처럼 새로운 환경으로 너를 이끄시는 것이 천지대자연이 하시는 일이다.

You ought to absorb everything that unfolds around you and include them into your mass. However, if you neglect to do this even God cannot help you.

네 주위에 펼쳐지는 환경 속에서 네게 주는 모든 것을 흡수해서 네 질량을 만들어야지, 이걸 등한시하면 하느님도 도와주실 수가 없다.

Mother Nature has never provided disadvantaged circumstances to you. The world becomes disadvantaged because you don't absorb your surroundings wisely and reject them with complaints.

대자연은 절대 너에게 불리하게끔 환경을 준적이 없다. 주어진 환경을 흡수하지 않고 불만을 하고 내치기에 세상이 너에게 불리하게 돌아가는 것뿐이다.

Work of Creation 만물의 작용

Even though dark energy fills up space we cannot see nor measure it. It is not because it does not exist, but because it is intangible as a non-matter. Likewise a person's word contains a tremendous amount of weight with each word and yet science cannot measure its mass either because it too is intangible.

암흑에너지가 우주 공간 가득 채워져 있지만 아무것도 보이질 않고 측정을 할 수도 없다. 없어서 못 재는 것이 아니라 물질이 아닌 비물질의 질량이기에 못 재는 것이다. 사람의 말 또한 그렇다. 말 한마디, 한마디가 엄청난 질량을 가지고 있지만 비물질이기에 아직까지 과학이 그 질량을 측정하지 못하고 있는 것이다.

Water, heaven's concentrated solution, functions to give life and wash away murky things.
천기의 농축액인 물은 만물에 생명을 주고 탁한 것을 씻어 내리는 역할을 한다.

Nothing is impossible if one uses water appropriately. As technology advances, everything we eat, wear and use will come from water. Therefore, whoever manages water wisely will become a leader.
물을 잘 쓰면 세상에 안 되는 것이 없다. 앞으로 첨단과학이 도래하면 먹을 것, 입을 것, 쓸 것 등 모든 것이 물에서 나온다. 그래서 물을 잘 다스리는 자가 지도자가 된다.

You ought to drink water often while eating. If you clean out your body with water, your appetite and health will be restored. Even hermits have used water therapies in the past.
밥을 먹더라도 물을 자주 마셔야 한다. 물로 몸 안을 잘 닦아내면 입맛도 돌아오고 건강도 돌아온다. 예전부터 신선들도 물 요법을 써 왔다.

Heaven performs the required work for you even when you are sleeping. It organizes your body by wiping away all the murky energy that has been built up and emits harmful things. That is why your body becomes refreshed and light after you have been rejuvenated through a good night's sleep.

네가 잠을 잘 때도 하늘이 필요한 작업을 해 준다. 네 안에 쌓인 탁한 기운들 쓸어내 정리해주고 몸에 나쁜 것들은 밖으로 배출시켜 준다. 그래서 밤에 잠을 푹 자고 나면 새로운 기운으로 재충전이 돼 몸을 가볍고 개운해 지는 것이다.

There are a lot of things Mother Nature does for us while we sleep. After we wake up we have bitter taste with crust in our eyes and our body feels sticky. This is because it has pushed out everything that can be toxic to us. This is why we feel refreshed after we wash away all the murkiness by brushing our teeth and taking a shower. In addition, it also erases useless thoughts in our head.

잠을 잘 때 대자연이 우리에게 해주는 작업들이 많다. 자고 일어나면 입이 쓰고 눈곱이 끼고 몸이 끈적거리는 것은 독성이 될 만한 물질들을 몸 밖으로 다 밀어 내놓았기 때문이다. 그래서 아침에 일어나 양치질을 하고 샤워를 해서 탁한 것들을 물로 싹 씻고 나면 개운해지는 것이다. 더불어 불필요한 생각의 기억들도 머릿속에서 지워내 준다.

Your body will become clean or murky depending on what kind of thoughts you have. When you wake up after going to sleep with worries, all the murky energy has been blocked from leaving and your body feels heavy and murky. But if you have completed all your responsibilities and go to sleep after you have refined your heart and mind, all the murky energies that have built up will be pushed out and you will become refreshed.

어떤 생각을 가지고 자느냐에 따라서 네 기운을 맑혀주거나 더 탁하게 만들기도 한다. 고민을 하면서 자고 일어나면 탁한 기운이 막혀 안 나가니 몸이 더 무겁고 탁해지고 하루 일을 잘 정리하여 마치고 정신을 가다듬어 마음을 편안하게 하고 잠자리에 들면 자는 동안 몸에 쌓여 있던 탁한 기운이 밀려나가고 기운이 씻어져 맑고 개운해 진다.

People discriminate by loving nature and hating pollution, but pollution is also considered a part of nature.

사람들이 분별하기를 자연은 사랑하고 공해는 미워하나 사실은 공해도 자연이다.

Nature contains everything that is beneficial to us. That is why we can cure anything with plants and manage anything with soil.

Without knowing how to use what's already available, what are you trying to do with ultramodern technology?

자연 속엔 우리를 유익하게 하는 모든 것이 이미 다 있다. 그래서 식물만 가지고도 모든 병을 치료할 있고 흙만 가지고도 모든 병을 다스릴 수 있다. 이렇게 있는 것도 다 쓸 줄 모르면서 첨단과학은 찾아 무엇을 하려는가?

In Korean, we describe acupuncture as applying not as poking. Why is that? Acupuncture is applying mineral matters to where our vigor has been blocked in order to connect the flow of our spirit.

우리말에 침은 찌른다고 하지 않고 놓는다고 한다. 왜 그런가? 침이란 우리 몸의 기운이 막혀 어려워진 곳에 광물질인 침을 놓아 기가 잘 흐르도록 연결시켜주는 작용을 하는 것이다.

Acupuncture is a mineral matter that has been sharpened. However, the history hasn't been that long since humans began to grind mineral matters to make acupunctures. So was acupuncture nonexistent before? It existed. People connected a spiritual flow by applying a solid mineral matter on top of the skin where their flow has been blocked. That is why we still say "apply acupuncture" instead of "poke acupuncture".

광물질을 갈아 뾰족하게 만들어놓은 것이 침이다. 하지만 인간이 광물질을 갈아 뾰족한 침을 만들어 낸 역사는 얼마 되지 않는다. 그렇다면 그 이전에는 침이 없었는가? 있었다. 기운이 막힌 곳의 살 위에다가 기운이 잘 통하는 광물질을 놓아 기운을 통하게 했었다. 그래서 지금도 '침을 찌른다.' 하지 않고 '침을 놓는다.' 하는 것이다.

Your name is an amulet that your parents have attached onto you. If your name is called out, the spirit of others will enter and be loaded into you. Therefore, it is good thing for others to constantly call your name.

부모님이 네게 붙여준 부적이 바로 네 이름이다. 이걸 자꾸 부르면 상대에게서 기운이 들어와 네게 실린다. 그러니 사람들이 네 이름을 자꾸 불러주는 것은 엄청나게 좋은 일이다.

If someone constantly calls your name, he's filling you up with that much more energy. If your name is Dae-Ho (big tiger) and people constantly call your name then you will gradually become like a big tiger.

누군가 네 이름을 자꾸 부르면 그 이름만큼 네게 에너지를 자꾸 불어넣는 것이다. 만일 네 이름이 대호(大虎)라서 사람들이 자꾸 네 이름을 부르면 너는 진짜 큰 호랑이가 되어 간다.

Having a great name is not always good. Great names are loaded with great energy therefore, if you haven't equipped yourself with knowledge and ideology, you will get slapped and squashed being unable to handle the weight of your name. How could one with the name Dae-Ho (big tiger) live like a puppy?

큰 이름이라고 다 좋은 것은 아니다. 크고 좋은 이름엔 큰 기운이 실리기 때문에 네게 지적인 갖춤과 이념이 없으면 그 이름의 무게를 이기지를 못해 그 이름에 치이고 눌려 어려움을 겪기도 한다. 대호(大虎)라는 이름을 가지고 강아지처럼 살아서야 되겠는가?

A lot of people come near you when you have a great name. When a lot of people surround you, it means you ought to carry out knowledgeable deeds. But if you are not equipped and cannot carry out great and knowledgeable works, then you will fall behind not being able to handle the weight of people dangling onto you and will eventually fall down.

큰 이름을 갖게 되면 많은 사람들이 인연으로 다가온다. 네 주위에 사람들이 많이 온다는 것은 네가 크고 지적인 일을 해야만 한다는 뜻이다. 하지만 네가 갖추질 못해서 크고 지적인 일을 못해내면 이 사람들이 네게 매달려만 있게 되니 무거워서 처지다가 마침내 그 무게를 이기지 못하여 쓰러지고 마는 일이 생긴다.

People shine when you see them through an animal's eyes. That is why even predators remain observant and run away, unable to approach human.

동물의 눈으로 인간을 보면 아주 빛이 난다. 그래서 숲에서 인간을 만나면 맹수라도 함부로 접근을 못하고 경계를 하고 도망을 가는 것이다.

Creation occurred because of humans. Therefore, galaxies have been built centrally on humans and exist for humans.

인간 때문에 천지창조가 일어났다. 그래서 모든 은하(銀河)는 인간중심으로 빚어져 돌고 있고 인간을 위해서 존재하는 것이다.

The human body is handcuffed and shackles the spirit.

인간의 육체는 영혼을 채워놓은 수갑이고 족쇄다.

The reason why Heaven gave humans a physical body is to shackle you with pain whenever you do wrong. It is a means to cover you with the physical and to aid in your studies.

하늘이 인간에게 육체를 준 것은 네가 잘못하면 비틀어 아프게끔 족쇄를 채워 놓은 것이다. 이 육체를 뒤집어쓰고 공부하라는 뜻이다.

The physical body is a very unique tool but at the same time it is a handcuff that keeps you chained. It will let you be until a certain point but if you go beyond, it will hurt you by pinching you. No matter how stubborn you are, you can't do anything when your physical body starts to twist. Weakly stubborn ones can be twisted weakly and very stubborn ones can be twisted hard. Then it will be released once he or she stops being stubborn and listens to others well.

육신은 굉장히 유익한 연장이면서 동시에 너를 딱 묶어놓은 수갑이다. 네가 잘못을 하면 언제까지는 봐 주지만 그 한도가 넘어서면 딱 비틀어 아프게 한다. 아무리 네가 고집을 부려도 육신을 비틀기 시작하면 꼼짝도 못하게 되어있다. 고집이 약하면 살짝 비틀면 되고 고집이 세면 세게 비틀면 된다. 그러다가 고집을 부리지 않고 남의 말도 잘 듣고 받아 들일 줄 알게 되면 그 때 놓아주는 것이다.

The reason why men like meeting women is because men were assigned the Yang energy and must consume the energy of Yin that women have. That is why men constantly want to converse, stay and live together with women.

남자가 여자를 만나 좋아 하는 이유는 양의 기운을 띤 남자는 여자가 주는 음의 기운을 먹어야하기 때문이다. 그래서 자꾸 여자와 말을 섞고 싶어 하고 함께 있고 싶어 하고 같이 살고 싶어 하는 것이다.

Men must consume the Yin energy that women give. That is why men go crazy when women don't converse with them. When men listen to women, it means they are consuming the Yin energy that women have. Men become very nervous when they don't consume the energy of words that women give. This is the reason why men seek after women.

남자는 여자가 주는 음의 에너지를 먹어야만 한다. 그래서 여자가 남자한테 말을 안 하면 남자가 갑갑해 미치게 된다. 남자가 여자의 말을 듣는다는 것은 여자가 가지고 있는 음의 에너지를 먹는다는 소리다. 여자가 주는 말의 에너지를 먹지 못하면 남자는 굉장히 불안해 진다. 이것이 바로 남자가 여자를 찾는 이유다.

Men completely fall to the elaborate words of women. Yin does not need to consume Yang but Yang cannot manage without consuming Yin. This is the strange logic behind Ying and Yang.

남자는 여자가 정성껏 해주는 말 한마디에 홀딱 넘어간다. 음기는 양기를 안 먹어도 되지만 양기는 음기를 안 먹으면 운용이 안 되기에 그렇다. 이것이 음양의 묘한 이치다.

According to Mother Nature's 3:7 law of creation, Mother Nature consists of 30% Yang and 70% Ying. That is why there's an insufficiency of vigor with the 30% of energy that men have. They can use strength but they lack 70% of the strength of knowledge, therefore they are built to seek after women. Men can utilize their energy correctly only after consuming women's Ying energy. That's why we say men will succeed if he listens to women.

천지대자연의 조물법인 3:7 의 법칙에 따라 대자연은 30%의 양기와 70%의 음기로 구성되어 있다. 그렇기에 남자가 가지고 있는 30%의 양의 에너지만으로는 기운 자체가 모자란다. 힘은 쓸 수 있지만 그 안에는 지적인 에너지인 음의 에너지 70%가 모자라서 항상 여자를 찾게 만들어 놓은 것이다. 여자에게서 나오는 이 음의 에너지를 받아야 남자가 제대로 기운을 쓸 수 있다. 그래서 여자 말을 잘 들어야 남자의 길이 풀린다고 하는 것이다.

The Energy of the mind is as small as a bean and hides inside the physical body. When you dissect it, it divides into 6006 particles that represent the nucleus of flow between humans and Mother Nature.

마음에너지는 육신 안에 숨어 있는데 그 크기가 콩알만 하다. 이것을 분리해 놓으면 육천 여섯 개의 입자로 나누어지는데 이것이 인간과 대자연이 소통하는 핵이다.

The space and stars in the galaxy are in a 70% developed state. Since Mother Nature and humankind are managed in the same way, humanity has also developed to 70%.

저 우주와 은하계의 별들은 지금 70% 진화 발전한 상태이다. 대자연과 인간은 똑같이 운용되기에 인류 역시 70% 진화 발전한 상태이다.

The earth and space have been filled with 70% mass; therefore, our mind should be filled with 70%. If we level our thoughts and mass with that of Mother Nature we will be able to manage and utilize the energy of Mother Nature and our lives can also be happy. If we are not level, our life will become hard.

우주도, 지구도 질량이 70%로 채워져 있기 때문에 우리의 생각마인드도 70%의 질량에 맞춰져야 한다. 우리의 질량과 생각 수준을 대자연의 질량과 밀도에 맞추어 가야 대자연의 기운을 다스려 쓸 수 있게 된다.그럴 때 우리 삶도 행복해 질 수 있는 것이다. 이 질량에 맞추어 나가지 못하면 대자연의 밀도에 치이게 되어 살기가 굉장히 힘들어진다.

There is no such thing as good or bad luck. All lucks are good, if you use them correctly. When you face negative luck, it is a means to study. Positive luck is a warning that will knock you down and taken away if not utilized properly.

운이란 좋은 것도 없고 나쁜 것도 없다. 나쁘게 온 운이란 그걸 다스리며 공부하라고 주는 것이고, 좋게 온 운이란 그걸 바르게 쓸 줄 모르면 뺏어갈 때에는 너를 치고 간다는 것을 알려주는 것이다. 운이란 쓰기에 따라 다 좋은 것이다.

No one has a good or bad fate. Bad fate is given to strengthen you with studying, and good fate is given so that you can strive make a better life for yourself.

사주는 좋은 사람도, 나쁜 사람도 없다. 사주가 안 좋은 것은 그걸 공부를 시켜서 네 힘을 키우라고 주는 것이고, 사주가 좋은 것은 이 좋은 것을 바탕으로 더 나은 환경을 만들어 가라고 주는 것이다.

Samsara − Wheel of Life 윤회

Samsara is a law not a hypothesis.
윤회는 가설이 아니라 법이다.

The reason why humans go through samsara is to increase the spiritual mass and density. It is a way to build abundant spiritual mass and density as we live our lives with a physical body and acquire knowledge.
인간이 윤회를 계속해오는 이유는 영혼의 질량과 밀도를 키우기 위함이다. 육신을 입고 살면서 지식을 갖추어 영혼의 질량과 밀도를 충만히 만들기 위함이다.

If you die while fasting, do you receive a better life when you go through metempsychosis? No, you will learn when you start eating. You will learn the purpose of eating, how each grain of rice is produced through the blood and sweat of people and what you ought to do after eating it. Why should you receive a better life when you starved to death without understanding the meaning behind eating?

단식수행을 하다가 죽는다면 다음 윤회를 받아 올 땐 더 좋은 삶을 받아 오는가? 아니다. 밥 먹는 게 무엇인지부터 다시 공부하러 온다. 밥은 왜 먹는지, 백성의 피와 땀이 어떻게 서려서 쌀 한 톨이 나오는지, 이것을 먹고 네가 무엇을 해야 하는지를 공부하러 온다. 아직 밥 먹는 것이 뭔지조차 깨우치지 못하고 굶다가 죽은 것이 뭐가 대단하다고 공을 받아 온단 말인가?

If you die without being liberated from your children then even in your next life you will start with studying your children. That will be your starting point.

인생을 받아와 살면서 자식에 걸려 헤어나지 못하고 죽으면 다음 윤회를 해 올 때도 자식에 대한 공부를 하러 오게 된다. 거기서부터 다시 출발점이 된다.

If you died without fulfilling your desire to become a president and have a strong obsession, then you will come to learn again when you are reborn.

대통령이 되고 싶었는데 되지 못하고 죽어서 그 자리에 대한 집착이 강하다면 다음에 육신을 받아올 때 또 다시 그 공부를 하러 온다.

Some trainees have died while sitting down and meditating for too long and another trainee has died by throwing his body onto the ground. Another trainee died after reciting a chant for his entire life. It is said that when they receive their next life, they will receive a high office with honors, is this truth? No! What contributions did they make by dying from sitting still, crawling on the ground, reciting chants aloud and why will you grant them a high office with honors and better life? This is what you thought when you were foolish.

어떤 수행자는 오래 앉아 명상을 하다가 죽었고 어떤 수행자는 온몸을 던져 땅바닥을 기다가 죽었다. 또 어떤 수행자는 평생 경을 읽다가 죽었다. 그러면 그들이 윤회를 받아 돌아올 땐 그 공덕으로 고관대작의 삶을 받아 온다고 하는데 정말 그런가? 아니다! 가만히 앉아있다 죽고, 땅바닥을 기다 죽고, 소리 내어 경만 읽다 죽었는데 세상에 무슨 끼친 공이 있다고 고관대작이 되어 올 것이며 더 나은 삶을 받아 온다는 말인가? 이것은 무식할 때의 생각이었던 것이다.

If you died after completing true training, you will not only return holding a high office with honors but also the whole world.

네가 만약 진정한 수행을 바로 하고 갔다면 고관대작이 문제가 아니고 천하를 움켜쥐고 올 것이다.

If you died while sitting down to meditate for a long time, or while lying down snoring, then you will start from sitting down and snoring even if you receive metempsychosis. Why? You only lived an idle life without making any contribution to society.

수행을 한다며 오래 앉아있다 갔다든지, 누워서 코만 골고 갔다든지 하면 그 다음에 윤회를 받아 와도 똑같이 앉아있는데서 시작하고 코고는 데서부터 시작을 해야 한다. 왜? 무위도식을 했을 뿐 사회에 공헌한 바가 없기 때문이다.

Is there anyone who's training himself correctly? Enduring while sitting, without sleeping, without eating is what you refer to as training but not eating when there's food and enduring when there's a place for you to sleep is only a struggle not correct training.

지금 수행을 바로 하는 자가 있는가? 오래 앉아 버티기, 잠 안자고 버티기, 밥 안 먹고 버티기를 수행이라 하는데 양식이 있어도 안 먹고, 편히 누워 잘 수 있는데도 버티는

것은 방법을 몰라 몸부림을 치는 것일 뿐 바른 수행은
아니다.

When the trainee leaves organized answers he or she acquired
through different training and those benefit the world, then it
will be counted as a contribution and he or she will receive a
better environment and return into a society that has been
developed by the future generation.

수행자가 이런 저런 수행을 통해 답을 찾아 세상
사람들이 쓸 수 있도록 잘 정리를 해주고 갔다면, 그래서
그것이 세상에 도움이 됐다면 그것이 공이 되어 다음
생에는 후세들이 발전시켜 놓은 사회 위에 더 좋은
환경을 받아 오게 된다.

If you have left behind the answers which you have acquired at
the end of your life, you will return to live in a better society
whether it is after 100 years or 5000 years.

한 생을 살고 나서 네가 이루어 놓은 답을 세상에 내주고
갔다면 백년 뒤에 오든 천년 뒤에 오든 그 공덕으로
발전된 사회에 네 인생을 다시 살러 오게 된다.

If you have left without doing anything for this world then you will return to the bottommost position in society. You will have to start again in a poor household or harsh circumstances.

네가 이 세상에 하고 간 일이 없다면 다음 생에 와도 그 사회의 제일 밑바닥으로 오게 된다. 못사는 집이나 조건이 나쁜 곳을 받아 태어나서 다시 시작하게 된다.

If you have left after edifying others, you receive your credit and return into a better society as a leader. You are receiving a life within a good condition to rebuild your contribution.

사람들을 교화 시키고 갔다면 그 공답을 받아 다음 생에 올 때는 더 성장 발전된 사회의 수장으로 윤회를 받아 온다. 좋은 조건에서 일생을 받아 또 다시 공덕을 쌓고 행할 수 있는 조건을 받아오는 것이다.

In samsara, you are reborn again precisely according to your contribution to society.

이 사회를 위해 무엇을 했는가에 따라서 다음 생에 그 조건에 맞는 정확한 위치에 몸을 받아 태어나는 것이 윤회다.

You are fulfilling your responsibilities for receiving a physical body, by contributing to society

사회에 공헌하는 것이 바로 육신을 받아 온 네 업을 갚는 것이다.

You have received a body in order to fulfill your given tasks. What is the way to fulfill the tasks? It is through living life doing meaningful rewarding work for others and benefitting people and society.

육신을 받아온 이유는 네 업을 갚기 위해서다. 업을 갚는 방법은 무엇이냐? 사람들에게 뜻있는 일, 보람 있는 일을 해서 사회에 덕이 되고 사람들에게 덕이 되는 인생을 사는 것이다.

If you are left with regret and resentment at the end of your life, you must come back to do metempsychosis. Those without any regrets and resentment will reach nirvana therefore, they will not return to do metempsychosis

인생을 마감할 때 원과 한이 남으면 다시 윤회하러 와야 되고 원도 한도 남지 않는 자는 해탈을 하게 되니 다시는 윤회하러 오지 않는다.

Leave the past life as the past and the after life as the after life. You should just know yourself because you have been made through your past life. Your future will be promised to shine if you fulfill all your responsibilities today on this earth, therefore, do not try to figure out life after death.

전생은 전생으로 두고 내생은 내생으로 그냥 두라. 전생이 있어서 오늘의 너를 만든 것이니 오늘의 너만 알면 된다. 오늘 이 땅에 살며 네 할 일을 잘하면 미래가 빛나게 보장 되나니 내생도 미리 알려 들지 말라.

Connection with Dimensional Worlds 차원세계와의 연결

Human life does not end after this life as there is an afterlife as well as dimensional Worlds.

인간의 인생은 이생에 끝나는 것이 아니고 내생도 있고 차원계의 세상도 있다.

Humans are not the only ones living in this world. There are human, spirits, and gods.

세상엔 인간만 사는 것이 아니고 사람도 있고 영혼도 있고 신들도 있다.

Gods become intimate with us when we know and use them. When we confront them, they become fearful opponents and when distance ourselves they have no relation to us.

바르게 알고 쓰면 우리와 굉장히 가깝고 대적을 하면 무서운 적이 되고 멀리하면 너와 아무 관계가 없는 것이 신들이다.

When you talk about someone who trained in an underground tunnel and who looks to the ground, predicts the future, and has received a magical ability, he has not connected with the truth by understanding the logic of Mother Nature, he has only connected himself with the gods or spirits.

토굴에 앉아 수행하던 자가 땅 밑을 보고, 미래를 예언하고, 신기한 능력을 받았다고 하는데 이것은 신들과 신통(神統)을 한 것이지 천지대자연의 이치를 깨달아 아는 도통(道通)을 한 것은 아니다.

A connection with gods or spirits will occur when you reach the ultimate extent of thoughtlessness. So how foolish do you need to be? Follow the law of 3:7 and become 70% moron. You can connect with gods if you disregard 70% of your thoughts. In other words, you can only connect with gods when you set your life aside.

네가 무식의 극치에 이를 때 신통이 일어난다. 그렇다면 얼마나 무식해져야 되는가? 3:7 의 법칙에 따라 네가 70%까지 무지렁이가 돼 줘야 한다. 딴 생각을 안 하고 70%이상 자기 정신을 놓고 빼 버리면 신통을 할 수 있다. 즉, 네 인생을 접어버려야만 신통을 할 수가 있다.

Magical skills come when the power of gods is delivered. Since you have united with gods' spirit, his skills have entered into you. Those are not of your own.

신기한 재주를 부리는 도술은 신통이 열려 온 것이다. 신(god)과 영통을 했기에 신들이 가지고 있는 재주가 들어 온 것이지 네 재주가 아니다.

Just because you delivered gods' power and earned a magical ability doesn't mean wisdom will open up. Having gods' power has nothing to do with enlightenment.

신통을 하고 도술을 얻었다한들 지혜가 열리는 것은 아니다. 신통은 깨달음과는 아무 상관이 없기 때문이다.

It is not a miraculous thing when they say those with god's power interact with spirits. That is the most basic spiritual ability. The highest spiritual ability is acquiring the knowledge that has been accumulated as humans went through samsara. This is both the greatest spiritual power and largest energy.

신통한 자가 영혼들과 논다고 하나 이는 대단한 것이 아니다. 그것은 영적인 능력 중에 가장 낮은 단계일 뿐이다. 영적인 능력 중에 최고의 단계는 인류가 윤회하면서 쌓아 놓은 압축된 지식을 갖추는 것이다. 이것이 최고의 영통이고 가장 큰 에너지를 갖추는 것이다.

Foolish is the person who lets go of their mind and doesn't recognize the train station. Yet the better he will see through others after receiving god's power, even to the extent that he will know what is in the pocket of others. However, the one with this precious skill is treated contemptuously in society and cannot live well. Why? It is because he is ignorant. He is scorned because he does not have the knowledge to utilize his skills wisely.

낫 놓고 기역자도 모르는 무식한 사람일수록 신통을 하고 나면 남의 호주머니 속에 무엇이 들었는지까지 뚜렷이 다 본다. 그런데 그런 신통방통한 재주를 얻은 사람들이 사회에선 천대받고 못 산다. 왜 그럴까? 무식하기에 그렇다. 갖춘 지식이 부족해 받은 재주를 바르게 못써 천대 받는 것이다.

What have those people with magical powers done and accomplished in society. Looking under the ground and telling the future is not an accomplishment. Therefore, do not be tempted by magical skills but develop discernment through acquiring knowledge.

신기한 도술을 가진 자들이 사회에 한 일은 무엇이고 공을 세운 것은 무엇이더냐? 땅속을 보고, 미래를 알려주는 것은 아무 공이 되지 않는다. 그러니 신통한 재주에 현혹되지 말고 지식을 갖추어서 세상을 보는 안목을 키워야 한다.

When people use their flesh it consists of 70% of their strength and 30% is from the dimensional worlds but since your strength is a lot higher as 70%, vigor from the dimensional worlds cannot intrude. However, if your vigor drops down to 50%, it opens up a way for the other world to enter you. This is because it destroys your thoughts and cuts you in half within the dimensional worlds. If you go down to 30% vigor due to losing your mind or losing your strength, then the spirit of the other world enters. This is called the possession of spirits.

인간이 인육을 쓰고 살 땐 70%의 네 기운에 차원세계의 30%의 기운이 연결 되어 살지만 네 기운이 70%로 높기 때문에 차원세계의 기운이 함부로 침범을 못하는 것이다. 그런데 네 기운이 50%로 떨어지면 차원세계의 영적인 기운들이 침범할 수 있는 길이 열린다. 너의 생각을 없애 차원세계에 너를 반 토막 내어 내 놓기 때문이다. 거기서 더 나아가 네가 무기력해진다거나 정신을 놓거나 뭔가에 정신이 팔려 기운이 더 낮아져 30%까지 떨어지면 차원세계의 영혼들이 차고 든다. 이것이 빙의(憑依)다.

If your vitality drops down to 30% because you have become hypnotized through casting spells or reciting Buddhist prayers, a spiritual vigor will enter like a storm according to the law of 3:7. When the vigor from the other world enters as you empty your consciousness, its spiritual force enters as well, which is known as words of magic. The problem is that you cannot release the force that has entered.

계속 주문을 외우거나 염불을 해서 자아최면에 빠져 들거나 정신 줄을 아주 놓아 네 기운 상태가 30%로 떨어지고 나면 3:7 의 법칙에 따라 차원세계에서 영(靈)적인 기운들이 들이닥친다. 이렇게 너의 의식을 비워 차원세계의 기운이 치고 들어올 때 그 영적인 능력도 함께 들어오는데 그것이 바로 신기한 도술이다. 그런데 문제는 들어온 그 기운을 네 맘대로 내 보낼 수가 없다는 점이다.

Those who practice Tai Chi do hypogastric breathing. As one sits down in attempt to open baek hoe (百會 an acupuncture point on the center of human brain), a path with the other world opens and a spiritual force enters. The problem is that since you cannot manage the spiritual force that enters, you will become unusual and from then on, difficulties begin and will deteriorate your soul.

기공 수련을 하는 사람들이 단전호흡을 한다, 백회(百會)를 연다 하며 앉아있다 보면 차원세계와의 길이 열려 영적인 기운들이 들어온다. 문제는 들어온 이 기운을 네가 다스리지 못하고 처단을 못하니 주화입마에 걸린다는 점이다. 그때부터 심신이 피폐해지는 고생이 시작된다.

Do not attempt to receive heaven's power through charm, meditation or practicing Tai Chi as spiritual forces will enter and rule you thus leading you to failure.

주술이나 명상을 통해, 기공수련을 통해 신비한 능력을 얻겠다느니 천기를 받겠다느니 하는 짓은 하지마라. 영적인 기운이 치고 들어와 너를 지배해 인생을 망치고 만다.

If you don't appreciate your body when you have one, it will be taken away. Ghosts are those who have lost their body and wander around in spirit. After they wander around without a body, they realize the value of one and are reborn and use the body valuably. This is Heaven's lesson.

육신이 있으나 육신이 귀한 줄 모르고 함부로 쓰면 육신마저 걷어버린다. 육신을 잃고 영혼으로 떠돌아다니는 것이 바로 귀신들이다. 그렇게 떠돌아다니면서 육신이 귀한 것을 깨닫고 나야 다음에 육신을 받아 윤회해 올 때는 육신을 귀하게 쓸 줄을 알게 된다. 하늘이 이것을 가르치는 것이다

Ghosts will follow your order if you have power over them, however, you will suffer because you live as a servant. In order to prevent this, you should become a leader that provides help to the ghosts.

네가 갑이 되면 귀신들은 시키는 대로 잘 따르는데 네가 을로 사니 귀신들한테 시달리는 것이다. 귀신들도 도울 수 있는 그런 갑의 질량으로 네가 바뀌어야 귀신들한테 시달리지 않게 된다.

Being tormented by ghosts implies that your mass is insufficient and getting slapped. Why is that? It is because you don't know any better and didn't study about the ghost. The ghosts are bound to listen once you know them correctly

귀신한테 시달린다는 것은 귀신보다 네 질량이 떨어지고 치인다는 말이다. 왜 그런가? 귀신 공부를 하지 않았기 때문이다. 귀신이 뭔지도 모르기 때문이다. 귀신을 바로 알고 나면 귀신들은 정확히 사람이 하는 말을 듣게 되어 있다.

There is a reason why the ghost entered into your body. If you try to get rid of the ghost without understand the cause you will fail to truly get rid of it, despite being exorcised by a monk, pastor, or exorcist.

귀신이 우리 몸에 들어온 것도 원인과 이유가 있어서 온 것인데 원인은 알지도 못하면서 귀신만 떼 내려하니 해결이 되지 않는 것이다. 그래서 스님, 목사, 무당을 시켜 귀신을 떼어냈다고 한들 때가 되면 다시 돌아오는 것이다.

Listen to the knowledgable ones, who have completed their training. Listen to words of those who have been reformed through knowledge. You will ruin your entire life if you believe and follow what the foolish claim as the power of gods.

수행을 마친 지식인들이 세상에 나와서 하는 말을 들어라. 지식이 꽉 찬 사람들이 거듭나서 백성들에게 내주는 말을 들어라. 무식한 사람들이 신통을 하고 하는 말이 답인 줄 알고 따르면 일생을 망친다.

Realization 깨달음

Realization occurs by itself. You will realize things before you know them, if you are equipped for your insufficiencies. But you will never realize them if you force yourself.

깨달음이란 스스로 일어나는 것이다. 너의 부족함을 갖추고 있으면 너도 모르게 깨닫는 것이지 억지로 깨달으려고 하면 절대 깨달을 수가 없는 것이다.

Realization comes when you are pure. Being pure means without persistence or stubbornness. This way you can comprehend Mother Nature.

깨달음이란 네 자신이 맑아야 온다. 맑다는 것은 네 고집이나 아집이 없다는 말이다. 이래야 천지대자연을 깨칠 수 있다.

One may think that he can do anything once he comes to a realization, but that is not true. It means you are capable of doing things according to your strength, it doesn't mean that you can do things outside of your ability.

깨달으면 무엇이든 다 되는 줄 아는데 그것은 아니다. 네 근기만큼, 네가 갖춘 만큼 일을 할 수 있다는 것이지, 네 몫이 아닌 일도 할 수 있다는 뜻은 아니다.

The realization of one's ego is to understand "how stubborn am I?; How much did I brag as I lived?; How many flaws do I have?"

자아를 깨달음이란 '내 고집이 얼마나 세더냐? 내가 얼마나 잘난 척을 하고 살았더냐? 내게 얼마나 많은 모순이 있더냐?'를 깨닫는 것이다.

You will understand your true self if you live 70% of a hard working life that you have given in this lifetime.

네게 주어진 인생을 노력하며 열심히 70%를 살았을 때 참나를 깨닫는 것이다.

Personal Relationships 인간관계

If one person came to you, start with cherishing that person first. If you cherish, love, and treat him humbly in virtuous ways, his strength will become part of your strength and it will generate an environment to cultivate different work.

네 앞에 한 사람이 왔다면 그 한 사람을 아끼는 것부터 시작하라. 그 한 사람을 아끼고 사랑하고 바르고 겸손하게 대하고 나면 그의 힘이 네 힘이 되어서 다른 일을 만들어 나갈 수 있는 환경이 생긴다.

There's no way for other to approach you negatively despite what they say or do. They will bring things that are good or bad for you in accordance to the law of 3:7. Therefore, you must have the wisdom to distinguish and utilize them well.

네게 어떤 말을 하던, 어떤 행위를 하던 네게 오는 사람이 나쁘게 오는 법이란 절대 없다. 3:7 의 법칙으로 하여금 너한테 좋은 것도 담겨있고, 안 좋은 것도 담겨 오나니 이것을 잘 구분해서 쓸 줄 아는 지혜를 가져야 한다.

If you are lonely then you have no one to trust and share things with.

외롭다는 것은 네게 믿고 마음을 나눌만한 사람이 주위에 없다는 말이다.

What has Mother Nature given you? Personal relationships. Tremendous strength and astonishing events will happen when you maintain good relationships for 3 years.

대자연이 네게 무엇을 주었느냐? 인연을 주었다. 그 인연들과 3 년만 잘 지내면 거기에서 엄청난 힘이 터져 나온다. 기가 찬 일이 벌어진다.

Relationships are endlessly precious if used wisely, but endlessly unfavorable when misused.
인연이란 바르게 쓰면 한없이 소중한 것이고 잘못 쓰면 한없이 불리한 것이다.

A person's life changes depending on who he or she meets.
사람은 어떤 사람을 인연으로 만나느냐에 따라서 그 인생이 바뀐다.

Certain things are accomplished through the efforts put into relationships and some things are accomplished through finding good relationships.
네가 노력해서 될 일이 있고 좋은 인연을 만나서 이루어질 일이 따로 있다.

No matter how hard you try, if you don't treat the person in front of you correctly, your life will not change.
네 실력이 아무리 좋다 한들 지금 네 앞에 온 인연을 바르게 대하지 못하면 네 인생은 변하질 않는 법이다.

You should not focus on trying to meet someone; rather you should focus on overcoming your insufficiencies. The time will come when you will meet a person dependent upon how much you have tried at that moment. If you put in the right effort, you will meet a person of high quality and your life will change through that person.

누구를 만나려 애쓰지 말고 그저 너의 부족함을 채우려 노력하라. 네가 얼마나 노력을 했느냐에 따라 인연을 만날 때가 오나니 노력을 잘 했다면 질 좋은 사람을 만날 것이고 그 사람을 통해 인생이 달라질 것이다.

Don't say something to others if they are not willing to listen. If you say something to someone when they are not willing to listen, they will put a lock on their heart and mind blocking any chance for you to tell them something again.

상대가 듣지를 않으려는 말은 하지를 마라. 네가 오늘 안 해야 할 말을 해 버린다면 상대의 마음에 빗장을 채워 나중에 이 말을 할 수 있는 길마저 막아 버린다.

Respect others. If you do this than others cannot mistreat you. Likewise, you cannot mistreat others if they respect you. This is how trust is built.

상대를 존중하라. 상대를 존중하면 상대가 너에게 함부로 할 수 없고, 상대가 너를 존중하면 네가 상대에게 함부로 할 수 없게 된다. 이 가운데 신뢰가 쌓인다.

Always humble yourself and respect others.
항상 상대는 존중하고 너는 낮추라.

You will receive positive energy when you respect others which will be used as part of your mass and strength.
상대를 존중할 때 좋은 기운을 받게 되나니 이것이 네 질량이 되고 네 힘이 되어 쓰일 것이다.

Others will change only if you change. If you insist on others changing then you will remain the same and they will never change.
네가 변해야 상대도 변하는 법이다. 너는 그냥 두고 상대만 변하라 하면 절대 변하질 않는 것이 사람이다.

If you hate someone then do not deal with that person. The person will not be doing anything weird if you don't confront him. The relationship you have with each other will worsen if you treat him poorly.
사람이 미우면 아예 상대를 하지 마라. 네가 대하지 않으면 저 사람도 너에게 이상한 행동을 하지 않는다. 네가 안 좋게 대하니까 자꾸 관계만 나빠지는 것이 아니냐.

Good things happen when we willingly hold and share our affections. Our energy is blocked and bad things will occur when we close our hearts and draw a line of separation.

서로 반갑게 손을 잡고 정을 나누면 기운이 상통해 좋은 일들이 생겨나고 마음을 닫고 금을 그으면 기운이 막혀 안 좋은 일이 생겨난다.

Under no circumstance should you hate others, even if they hate you, as Mother Nature never gave you the right to do so.

어떠한 경우라도 남을 미워하지 마라. 대자연이 남을 미워할 자격을 네게 주지 않았음이라. 남이 너를 싫어할 자격은 있어도 네가 남을 미워할 자격은 없는 것이다.

Even if there have been feelings between you and another, lay them all down and give and receive each other's heart. From then on, good things will happen again.

서로 간에 감정이 있었더라도 다시 만날 때는 지난 감정은 다 내려놓고 서로가 마음을 주고받으라. 그러면 여기에서부터 좋은 일이 다시 일어날 것이다.

Lay down your desires and think first about what you are going to do for the other person.
너의 욕심은 내려놓고 상대를 위해 무엇을 할 것인가를 먼저 생각하라.

Think about the reason why you have become a loner. You might have a bad personality, boasted, or done something behind someone's back. You must've done something inferior to be pushed away from people and live the difficult life of a loner.
네가 왜 이렇게 외톨이가 됐는가를 생각을 해보라. 성질머리가 안 좋든지, 잘난 척을 했든지, 뒤로 딴 짓을 했든지 뭔가 수준 낮은 짓을 했으니까 사람들로부터 밀려나 어렵고 힘든 외톨이가 된 것이다.

Correcting those with bad habits is also doing something for society.
버릇이 나쁜 사람의 버릇을 뜯어 고쳐주는 것도 사회를 위하는 일이다.

Human interaction becomes beneficial when it occurs between those with similar levels. Therefore, follow the law of 3:7 and acquaint yourself with 30% of those who are in same class as you.

사람간의 교류란 수준이 맞는 사람들끼리 이루어질 때 비로소 서로에게 덕이 되는 것이다. 그러니 3:7 의 법칙에 따라 30% 범위 안에서 너와 격이 맞는 사람들과 어울려라.

If you want to acquire strength you should socialize with those who are 30% above you. If you have acquired strength then you should socialize with those who are 30% below you so that you may work to benefit them.

네가 힘을 갖추길 원한다면 너보다 30% 위의 사람들을 만나 어울리고 네가 힘을 갖추었다면 너보다 30% 아래의 사람들을 이롭게 하는 일을 하라.

Someone who is at a 30% level higher than you is not your opponent, therefore leave them be.

너와 수준의 격이 30% 이상 차이가 나는 사람은 네 상대가 아니니 그냥 두라.

Who's responsible for those far below? It's the ones on top. It is greedy trying to hold the world on your own, you must learn to leave a portion for others.

격이 낮은 저 아래의 사람들은 누구의 몫이냐? 바로 그 윗사람들의 몫이다. 그들의 몫도 남겨 줄줄 알아야지 너 혼자 세상을 다 움켜쥐려는 것은 욕심일 뿐이다.

You might know about things that are right below you, but not on those further below. Problems arise when a person of high position tries to help someone that is far below him. Since he does not understand the depth of those below him, there will be consequences.

네 바로 밑은 네가 알아도 저 아래는 네가 모르는 법이다. 그래서 상급의 사람이 너무 아랫사람들을 직접 도우려고 나서면 문제가 생기는 법이다. 저 아랫사람들의 깊이를 잘 모르기에 부작용이 생기는 것이다.

When you build relationships, you must first figure out whether that person is at the same level as you to have discussions with. As people of similar levels gather they are able to unite their strength conduct research, and bring out exceptional ideas. People cannot be united when they differ greatly in strength.

인연을 할 때는 함께 의논할 수 있는 수준의 사람인가를 먼저 봐야 한다. 같은 수준의 사람끼리 모여야 연구도 되고 참신한 아이디어가 나와 힘을 합칠 수도 있는 법이지 수준차이가 너무 나면 힘을 합칠 수가 없게 된다.

No matter how rich, strong, or smart one is, if the person came to talk to you, you are first and he second.

상대가 아무리 돈이 많고, 힘이 세고, 똑똑해도 네게 말을 하러 왔다면 네가 갑이고 상대는 을이다.

A leader must listen first to everything his subordinate says, including the bragging. As the leader continues to listen, no matter how much someone boasts, he is bound to bring out difficulties that has been in hiding. After the leader listens, the leader should tell the subordinate what to do based on wisdom. At that point it will become law and reality. Good things will never happen, if the subordinate does not follow your advice.

갑은 언제나 을의 말을 먼저 들어줘야 한다. 을의 잘난 척도 다 들어 주어야 한다. 그렇게 들어만 주면 잘난 척하던 사람도 차츰 숨겨놓았던 어려운 것을 토해 놓게 된다. 그걸 듣고 지혜가 닿는 대로 "이렇게 하십시오."라고 하면 그것이 법이 되어 말대로 이루어진다. 그런데 상대가 그 말을 듣고도 그대로 행하지 않는다면 그에게 좋은 일은 절대 생기지 않는다.

There are two different ways of getting close to someone. The first is to approach with material things or with helpful ways of teaching. Secondly, you will get close if you receive help or mentoring.

사람과 가까워지는 데는 두 가지 방법이 있다. 네가 물질을 들고 간다든지 가르쳐 줄 것이 있어 도움을 주러 가면 가까워지나니 이것이 첫 번째요, 반대로 네가 도움을 받거나 가르침을 받으러 가면 가까워지게 되나니 이것이 두 번째 방법이다.

If you want to get close to the other party then don't give help, rather receive help. Then you will get close to him.

상대와　가까워지고　싶다면　돕지　말고　도움을 받으라. 그러면 쉽게 가까워질 수 있다.

Since people favor anyone who comes to learn for oneself, you will easily get close to that person, if you approach him with an intention to ask about his skill.

저 사람에게 재주가 있어 그것을 좀 물어봐야겠다하고 다가가면　좋아하니　쉽게　가까워질　수　있다. 인간은 자기에게 뭔가를 배우려고 오는 사람을 제일 좋아하기 때문이다.

If the people around you are becoming distant, it means that Heaven is taking them away. It is a reminder that each person is precious as they are, but you do not know how to use them wisely.

네　주위의　사람들이　자꾸　떨어져　나가는　것은 하늘이 '사람은 그 자체로 귀한 것이거늘 네가 귀하게 쓸 줄 모르는구나.'하고 걷어 가는 것이다.

Heaven will take away relationships if you do not know how to utilize them wisely. As they are taken away that person will block you out; this is the law of Mother Nature.

네게 준 인연들을 바르게 쓸 줄 모르면 하늘이 다시 걷어 가느니라. 걷을 땐 그 사람이 너를 치고 갈 것이니 이것이 대자연의 법칙이니라.

You suffer from those who you trusted, but never from those you did not trust. Would you have suffered if you trusted them after knowing them? No. You suffer because you trusted without truly knowing them. You thought you knew them, when in reality you didn't.

네가 믿던 사람에게 어려움을 당하지 믿지 않던 사람에게 어려움을 당하는 법은 없다. 그렇다면 알고 믿었는데 당하느냐? 아니다. 모르고 믿었으니 당하는 것이다. 그 사람을 안다 하면서도 사실은 잘 몰랐던 것이다.

It's fun and delightful when people first crowd around you but if you don't manage them correctly, your life will always be chaotic and you will suffer not being able to live your life.

사람들이 처음 네게 몰려올 때는 재미도 있고 좋지만 온 사람들을 잘못 다스리면 이 사람들 때문에 바람 잘 날이 없고 네 인생을 못 살아 힘들어 지게 된다.

The person who is followed by a lot of people is the one with great mass. Such a person must first study how to manage people.

사람들이 많이 따르는 사람은 질량이 큰 사람이다. 이런 사람은 사람을 다스리는 공부를 먼저 해야 한다.

If you are okay when a small number of people approach you but not when a large number approaches, it means you have small mass and weak energy. So you should study about people. If you interact with others without knowing them, you will be knocked down from personal relationships and die.

주위에 사람들이 조금 다가오면 괜찮은데 많이 오면 힘들고 어렵다면 네 질량이 작은 것이고 에너지가 약하다는 뜻이다. 그렇다면 지금부터 사람공부를 해야만 한다. 사람을 모르고 사람을 대하면 사람관계에 치여 죽는 일이 생긴다.

Treat people with sincerity. If the truth flows then no problem will arise. Everything happens to disentangle.

진정으로 사람을 대하라. 사람관계에서 진심이 통하면 아무 문제가 생기지 않는다. 뭐든지 풀리고 이루어진다.

As you get closer to a person, he will introduce you to someone who is higher in wealth and knowledge. Therefore, put in your best effort when interacting with others.

사람하고 가까워지다 보면 그 사람이 다른 사람을 소개하게 된다. 다른 사람을 소개할 땐 저보다 나은 사람을 소개하니 경제도 낫고 힘도 낫고 지식도 나은 사람을 만나게 된다. 그러니 사람을 대할 때 최선을 다하라.

When you meet and converse, you will grow apart from the other person if you speak foolishly but you will quickly grow closer if you speak knowledgeably and from a relationship in which you want to give your entire mind.

사람을 만나 대화를 하는데 무식한 소리가 입에서 나오면 상대와 멀어지고 지적인 말이 나오면 상대와 빨리 가까워지고 마음을 다 주고 싶은 인연이 만들어진다.

You acquire strength to guide a lot of people if you develop your energy mass through studying about people. Such a person becomes a leader of society.

사람공부를 해서 네 에너지 질량을 키우고 나면 많은 사람들을 이끌고 갈 수 있는 힘을 갖게 된다. 그런 사람이 사회의 지도자가 되는 것이다.

It was hard to meet a single person a hundred or thousand years ago, however there was no major inconvenience. How many people do we meet and interact with today? As the number is high we need to study humans.

백 년 전, 천 년 전엔 사람 몇 명 못 만나고 살던 시대였다. 그래도 별 불편함이 없었다. 그런데 오늘날은 얼마나 많은 사람들과 만나고 교류 하면서 사는가? 그래서 사람공부를 해야 하는 것이다.

Those with money and those without, do not try to mingle with one another carelessly. As such is the case, there are different studies intended for the poor and the rich.

돈이 있는 사람과 없는 사람은 함부로 섞이려 하지 마라. 돈이 없는 사람은 없는 사람으로서의 공부가 있고, 돈이 있는 사람은 있는 사람으로서의 공부가 따로 있는 법이다.

The rich need to study about what to give back to society, while the poor need to study about how to acquire strength.

돈이 있는 사람은 사회를 위해서 뭔가를 하고자 하는 공부를 해야 하고, 돈이 없는 사람은 먼저 네 힘을 갖추기 위해서 노력을 해야 한다.

How can a small person comprehend a great person's great mind? You won't know its depth because his level is different from you. A great person walks on his path and a small person walks on their path.

어찌 대인의 깊은 생각을 소인이 알겠는가? 너와 수준이 달라 말을 하지 않으니 네가 그 속을 모를 뿐이다. 대인은 대인의 길을 가고 소인은 소인의 길을 가는 것이다.

People who intend to get some money from you and get closer to you could listen to you but never become your man.

돈으로 엮어 쓰는 사람은 돈이 필요해 네 말을 들을 뿐 절대로 네 사람이 되지는 않는다.

Are you looking for opportunities? It comes every time you meet someone.

기회를 찾는가? 사람을 만날 때마다 너에게 기회가 오는 것이다.

If you only talk about ways to make money with people then you are a coward. No one will like you if you talk this way.

사람을 만나 어떻게 하면 돈을 벌까만을 이야기를 한다면 너는 졸장부다. 이래서는 아무도 너를 좋아하지 않게 된다.

You will suffocate if you are talking to someone and they are not able to absorb what you are saying. That is why you must explain in ways that the other person can understand.

사람을 앉혀놓고 말을 하는데 상대가 네 말을 흡수를 못하면 엄청나게 갑갑해 진다. 그래서 말을 할 땐 상대가 이해할 수 있게 해 줘야 하는 것이다.

What kinds of people do other people like the most? People like those who listen well, give practical advice, and craft useful plans.

사람은 어떤 사람을 제일 좋아하느냐? 제 말을 잘 들어주는 사람, 도움 될 말을 해주는 사람, 도움 될 만한 일을 기획 해주는 사람을 좋아한다.

It's foolish to try to be unconditionally nice just because you love and cherish someone as unconditional kindness will ruin the other person. Sometimes, scorning to correct another person's bad habit can also be a part of loving and cherishing.

사람을 아끼고 사랑하라니까 무조건 잘해주려 드는데 이것은 착각이다. 무조건 잘해주는 것이 사람을 망치기 때문이다. 때론 혼을 내어 나쁜 버릇을 고쳐주는 것도 아끼고 사랑하는 일이다.

The person who teaches is the one a superior position. The person who tries to earn money can never obtain a superior position.

가르치는 사람이 윗사람이지, 돈을 벌려고 하는 사람은 절대 윗사람이 될 수가 없다.

If the time has come for you to meet and date someone but you are given foolish ones then push the foolish aside. Heaven will then give you another relationship.

인연을 만나 애인을 사귈 시기가 됐는데 하늘이 시시한 사람을 준다? 그렇다면 옆으로 툭 쳐버리라. 그러면 또 다른 인연을 준다.

When Mother Nature gives relationships to us, judge them and quickly let go if you feel that they are not for you. Once you let go, heaven will give you another relationship.

천지 대자연이 우리에게 인연을 줄 때에는 분별을 해보고 네 인연이 아니다 싶으면 빨리 놓아라. 놓고 나면 새로운 인연을 또 다시 준다.

Heaven will give you new relationships only after you have let go of the past ones. If you hold on to a person because you worry about not receiving a new one then Heaven will not grant you a new one.

지나간 인연의 손을 놔야 하늘이 새로운 인연을 준다. 이 사람을 놓고 나면 새로운 인연이 오지 않을까 걱정해 붙들고 있다면 그 손을 놓을 때까지 새 인연은 주지 않는다.

If you have suffered from a failed marriage, reflect upon your deficiencies and study to correct them for three years. Heaven will give you a better relationship once you become ready.

만일 결혼에 실패해 아픔을 겪었다면 3 년은 노력하며 자신의 부족함을 돌아보아 고치는 공부를 해야 한다. 그렇게 준비가 되었을 때 다시 더 좋은 인연을 준다.

If you put effort on behalf of the other person and live for him, then he will vertainly be beneficial to you.

네가 상대를 위해 노력을 하고 상대를 위해서 산다면 상대는 분명히 네게 도움이 된다.

If you live for others, your life will naturally be present. You have not lived for this society if you don't know how to serve and cherish others.

상대를 위해서 살면 네 삶은 스스로 있느니라. 상대를 위할 줄 모르고 아낄 줄 모른다면 너는 이 사회를 위해서 산 적이 없는 것이다.

Fundamentals of Support 도움의 원리

Clothing the naked and feeding the starving is act of empowerment and mercy. However, correcting society through opening up wisdom and following the law is an act of public interest and bodhisattva.

헐벗은 자에게 옷을 입히고 배고픈 자에게 밥을 먹이는 것은 이타행이요, 관음의 행이지만 지혜를 열고 법을 행하여 사회를 바로 잡는 것은 이광공익의 행이요 부처의 행이다.

No matter how small the task, act to empower for the greater extent, perform deeds to benefit the public. Heaven will then give you strength, even if it is not requested.

아무리 작아도 이타행(利他行)을 하라. 그리고 크게는 이광공익(利廣公益)을 행하라. 그러면 네가 바라지 않아도 하늘이 스스로 기운을 실어 줄 것이다.

Only those who have studied and have equipped themselves can act to empower. Those who cannot manage themselves are unable to empower others as they have no right to do so.

네 힘을 갖추고 네 자신을 공부한 자가 이타행을 할 수 있는 것이지 너를 다스리지 못하는 자는 이타행을 할 수 없을뿐더러 그럴 자격조차 없다.

In order to act on empowerment, you must work to the bone and study yourself for three years. Only then will you gain the right to empower.

이타행을 하기 위해선 먼저 3년을 뼈를 갈아 네 자신을 다스리는 공부를 해야만 한다. 그래야 이타행을 할 수 있는 자격을 얻을 수 있게 된다.

If the flawed act to empower, they will give their flawed vigor to others, thus becoming harmful instead. You ought to refine your flaws first in order to empower.

모순을 가진 자가 이타행을 한다면 상대에게 모순된 기운을 주는 꼴이니 도리어 해가 된다. 이타행을 하려면 먼저 자신의 모순을 다스려야 한다.

If one extends his hand requesting others to lend him money that person is saying 'I am lazy' with his own mouth. You must never help such a person.

스스로 노력은 안 하고 꾸어만 달라고 손 내미는 사람은 '나는 게으르다.'는 말을 제 입으로 하고 있는 사람이다. 이런 사람은 절대 도우면 안 된다.

If you help a lazy person out of irrational sympathy and kindness you will suffer as will those you have helped. Through your irrationality you have made them passive and dependant upon others and as such you will be punished for disrupting society.

게으른 사람이 도움을 청하니 마음이 약해서, 착해 빠져서 도와주고 나면 그때부터는 도움을 준 너에게도 어려움이 온다. 게으른 사람을 남에게 의지하며 더 비굴하게 살아가도록 만들었으니 사회를 어지럽힌 벌을 받는 것이다.

If you don't have anything, don't hastily claim that you work for society. When the helpless one raises his head as if he's going to accomplish some great work, heaven will reprimand you by saying 'how dare you show your arrogance'.

가진 것이 없는 사람은 사회를 위해 일하겠다며 함부로 나서지 말라. 힘이 빠진 자가 사회를 위해서 큰일을 할 것처럼 머리를 들면 '건방진 놈!' 하고 하늘의 매를 맞는다.

Win by helping those who are suffering and win by receiving help from those who are not suffering.

주위에 어려운 사람은 네가 도와줌으로 상생을 하고 어렵지 않는 사람에게는 네가 도움을 받음으로 상생을 하라.

If you lift yourself up arrogantly, no one will come near you. People will come when you humble yourself.

스스로 잘났다 하면 아무도 도울 사람이 오지 않는다. 너를 낮추어 겸손할 때 너를 도울 사람도 오는 것이다.

Do not travel far to help people. People will come to you if you have even a little bit of intellectually acquired energy mass. You can only help the person who is approaching you.

사람을 돕겠다고 멀리 가지 마라. 네 에너지질량을 조금이라도 지적으로 갖추어 놓으면 사람이 네게 다가온다. 다가오는 이 사람을 도우면 되는 것이다.

Help those who have come to you for help, and listen well to those who didn't come to ask for help.

너에게 도움을 받으려 찾아 온 사람은 돕고, 너에게 도움을 받으러 온 사람이 아니라면 그 이야기만 잘 들어주면 된다.

If you listen carefully to others for two times, the third time he will bring out hidden sufferings and request for help. If he accepts and follows the recommendation that you gave after listening to him, his problem will be solved and he will thank you. This is how you shine your light.

사람을 만나 두 번만 말을 잘 들어주면 세 번째는 그 속에 감추어 둔 어려움을 꺼내 놓고 도움을 청하게 된다. 이때 쭉 듣고 나서 이렇게 하라고 말을 해주면 받아들이고 이대로 따르면 문제는 해결되어 네게 고마워하게 된다. 이것이 너의 빛을 내는 것이다.

Do not recklessly help because you feel sorry. When Heavenly Father deprives one from drinking water and a house to reside in, He or She wants that person to learn through that. But if you give him a house and dig a pond without giving him understanding, would he have any reason to learn? If then, was God wrong? Or are you wrong?

불쌍하다고 함부로 돕지마라. 천지어버이께서 저 사람에게 마실 물이 없게 하고 쉴 수 있는 집을 없게 만드신 이유는 그것을 통해 깨달음을 가지라고 하신 것이다. 그런데 네가 깨달음을 주진 않고 집을 지어 줘버리고 샘을 파 줘버리면 그 사람은 깨달을 이유가 없어지지 않겠는가? 그렇다면 신이 잘못한 것인가? 네가 잘못한 것인가?

The reason why you suffer and are punished when you help others is because Heaven is telling you that you have done wrong.

사람을 돕고도 힘든 일을 당하고 벌을 받는 것은 하늘이 네가 잘못했음을 정확히 알려 주는 것이다.

If you only live for those who have given, you will never encounter suffering. When you have none, he will take care of your portion first even before he takes his bite. It's because he truly needs you.

네게 준 사람을 위해 살기만 하면 어려움은 절대 오지 않는다. 네 먹을 끼니가 없다면 자기가 먹기 전에 너부터 챙길 것이다. 그 사람이 진정 너를 필요로 하기 때문이다.

You must not help those who resent and hate others because they can only learn through greater suffering. You must remain realistic.

남을 미워하고 원망하는 사람은 도우면 안 된다. 더 어려워야 깨칠 수 있기 때문이다. 냉철해야 한다.

Do not give food to the beggar. If you give food today, he will only think of ways to return. You must teach them how to escape from starvation and how he can work to fulfill himself.

거지가 밥을 얻으러 오면 주지마라. 오늘 밥을 주면 내일 또 밥 얻으러 올 생각만 한다. 어떻게 하면 안 굶을 수 있는지, 어떻게 하면 일을 해서 먹을 것을 해결할 수 있는지를 가르쳐 주어야 한다.

One who feeds beggars is producing a docile beggars. One who has intact legs to go earn food will never die of starvation.

거지에게 밥을 잘 주는 사람이 비굴한 거지들을 생산하는 것이다. 밥 얻으러 갈만큼 두 다리가 멀쩡한 사람은 절대 굶어죽지 않는다.

Supporting those who work hard but lack strength is beneficial to society. Community service is doing what is beneficial to society, not merely feeding those in need.

살려고 노력을 하는데 힘이 부족한 사람들의 뒷받침을 해주는 것은 사회에 덕이 되는 일이다. 이렇게 사회에 덕이 되는 일을 봉사라 하는 것이지, 어려운 사람에게 밥만 먹이는 것은 봉사가 아니다.

Before you help someone with money, you must examine whether he would use that money towards a rewarding and meaningful life or if he would live incorrectly as he did previously.

돈으로 사람을 돕기 전에 '이 돈을 주면 저 사람이 사회에 보람 있고 뜻있는 삶을 살려고 노력하겠는가,

아니면 다시 제 고집대로 살겠는가?' 이것을 먼저 짚어 봐야한다.

When you help others, you must give according to how hard you think they will work. If they try a little bit, help a little bit and if they try more, you can help more.

남에게 도움을 줄 땐 얼마만큼 노력을 할 사람인가 그 척도에 따라서 줘야한다. 조금 노력하는 모습을 보이면 조금만 도와주고 더 노력하는 모습을 보이면 더 도와줘도 된다.

When you try to help others, do not help through one method rather you should help through multiple methods. If you think his habit is unacceptable, stop helping and leave him to suffer more. This is the way to create a virtuous society.

남을 도와주려 할 땐 한 몫에 도울 것이 아니라 조금씩 잘라서 도와주라. 조금 도와주었는데 이 사람의 버릇이 영 아니다 싶으면 도움을 끊어버리고 좀 더 고생하도록 두라. 이것이 바른 사회를 만들어가는 것이다.

After you have helped with one, you must determine whether to help another or not. Making him righteous through correcting bad habits is far more important than blindly helping him.

하나를 도와주고 나서 둘을 도와줘야 하나 말아야 하나를 봐야 한다. 무조건 돕는 것이 중요한 것이 아니고 나쁜 버릇을 고쳐 바른 사람을 만들어 주는 것이 중요하다.

If you find the law of provision and follow it exactly, you and the receiver will find things to learn and benefit each other as well as society.

사람을 돕는 바른 법칙을 찾아 그대로 하면 너도 배울 것이 있고 도움을 받는 자도 배울 것이 있어 서로에게 도움이 되고 사회에도 도움 된다.

If you easily give money to the one who is in financial difficultly, he will betray you since you have turned him into a money beggar for rest of his life. It implies your fault. Therefore, you must reject or lend him money as you correct his habits. This is how you support God's work.

돈이 어려운 사람에게 쉽게 돈을 빌려 주면 네가 그 사람을 평생 돈을 빌리러 다니는 사람으로 만들어버린 것이니 그가 나중에 네 뒤통수를 치게 된다. 네 잘못이라는 뜻이다. 그러니 네가 거절하거나 혹은 그 사람의 버릇을 잡아주면서 빌려주어야 하는 것이다. 그것이 바로 하느님의 일을 돕는 것이다.

God has endowed hardship upon that person in order to correct his habits and God will pour the entire portion onto you, if you correct them for God. He or She is requesting you to guide more people.

하느님이 버릇을 고치려고 저 사람에게 어려움을 주셨는데 네가 그 버릇을 고쳐주면 하느님이 기뻐 하사 남에게 줄 것도 네게 밀어주신다. 네게 좀 더 많은 사람들을 이끌어 달라고 부탁을 하시는 것이다.

It is foolish to think that those in need are more considerate and thoughtful towards others. It will only disrupt society when the poor receive things from others and they will live a harder life.

없는 사람들이 남을 더 생각하고 배려할 줄 안다고 하는데 그것은 아주 잘못된 생각이다. 없는 사람이 남을 생각해 제게 있는 것을 남을 줘 버리고나서 자기는 더 힘들게 사는 것은 사회를 어지럽히는 일일뿐이다.

To avoid disrupting society, you ought to equip yourself before looking around to help those in need. You are helping society only when you become self-sufficient.

없는 사람은 남을 돌아보기 전에 자신부터 갖추어야 사회를 어지럽히지 않는 것이 된다. 스스로 사회의 도움을 받지 않아야 사회를 돕는 것이다.

I have heard that those in need are doing community service, why is the needy approaching the poor to share its rigorous vigor? Why don't you understand that by helping the poor, he is worsening the suffering of the poor?

없는 사람이 봉사활동을 다닌다고 하는데 없는 사람이 왜 자꾸 어려운 사람한테 가서 자신의 어려운 기운을 나누려 하는가? 어려운 사람이 사람을 도우러 가면 도움을 받는 그 사람은 더 어려워진다는 것을 왜 모르는가?

Do your work using the given tools. When you do, you will shine. Give what has been given to you. You will know how much suffering you will encounter. What are you going to do if you can't do your work if you give your tools to others?

네게 주는 연장으로 네 할 일을 하라. 그럴 때 빛이 날 것이다. 네게 주는 것을 남에게 줘보라. 얼마나 어렵게 살게 될지 알게 될 것이다. 네게 준 연장을 남을 주어 버리고나면 네 할 일을 못하게 되니 그것은 어찌하려 하는가?

Don't live nicely, but live rationally and rightly.

착하게 살지 마라. 냉철하고 바르게 살아라.

Let one pass if he requests help for free. One must bring something to you if he wants to receive your help. If he brings you little, you can give a little bit of help and if he brings you a lot then you ought to help him a lot.

공짜로 도와 달라고 하는 자는 그냥 가게 하라. 네 도움을 받으려거든 상대도 뭔가 내놓아야 한다. 이렇게 해서 조금 내 놓으면 조금 도와주고 많이 내놓으면 많이 도와주어야 하는 것이다.

Giving food and goods to people around you is not the right way of cherishing them. The right way of cherishing is to listen genuinely to every word they say and to accept their deeds toward you.

네 앞에 오는 사람을 아끼라 하니 밥을 주고 물질을 주려 하는데 이것은 아끼는 것이 아니다. 그 사람의 말 한마디를 잘 들어주고 그 사람이 네게 하는 행위를 받아주는 것이 바로 아끼는 것이다.

You will hear praise if you provide help for things that have been requested but you will feel distance if you provide help for things that haven't been requested. You cannot help before the other person requests.

도와 달라 하는 것을 도와주면 고맙다는 소릴 듣게 되지만 도와 달라 하지도 않은 것을 도와줘 버리면 도리어 거리감만 생긴다. 그러니 상대가 도움을 청하기 전에는 네가 도울 수 있는 것이 아니다.

Some people are nosy and have a habit of stepping out to help even when they are not asked to. After a while, your siblings and friends won't seek you and push you away. This is evidence that you were not helping them.

오지랖이 넓어서 도와 달라고도 않았는데 돕겠다며 나서는 습관을 가진 사람들이 있다. 시간이 지나고 보면 형제도 너를 찾지 않고, 친구도 너를 찾지 않고 다들 너를 밀어낸다. 이것이 바로 도움이 되지 못했다는 증거다.

Do not think of helping anyone until you acquire 30% of you strength on your own. What allows one to acquire 30% strength? They are the ones who are stable enough to not worry about making a living for three years. It is a bravado and delusion when you try to help others without acquiring it to this extent.

스스로 30%의 힘을 갖출 때까지는 누굴 돕겠다는 생각은 하지도 마라. 그렇다면 30%의 힘을 갖춘 자는 누구를 말하느냐? 먹고 사는 것에 3년은 걱정을 안 하고 살 수 있을 정도로 안정된 사람을 말한다. 이 정도도 안 되면서 남을 돕겠다는 것은 착각이고 객기일 뿐이다.

What would the other party think if you try to help without being asked? 'Oh, look at him? I am not a stupid person and yet he keeps trying to teach me!' Then they will despise you.

도와달란 말을 하지 않았는데 상대를 도와주려들면 상대가 어떻게 생각을 하는가? '어, 이 사람 봐라? 내가 못난 사람이 아닌데 자꾸 나를 가르치려 드네!'라고 싫어하는 생각을 한다.

People don't like it when other people intrude into their lives. Therefore, they think 'I should push this person out of my life' about someone who tries to provide help that's never been asked for.

인간은 자기 인생에 남이 개입을 하려는 것을 제일 싫어한다. 그래서 바라지도 않은 도움을 주려는 사람에게는 '이 사람을 내 인생에서 밀어내야겠다.'는 생각을 하게 된다.

If one continues to intrude into the life of another then that person will antagonize and oppose him. That person will decide 'I should never see that person again!'

남의 삶에 자꾸 간섭하고 끼어들면 상극이 되어 반발하게 되니 이렇게 되면 '이 사람을 두 번 다시 안 봐야겠다!'는 결심을 하게 된다.

People say 'I can see that person is obstructed' without seeing their own obstructions. People around you will leave you as time passes if you continue to intrude and intervene into another people's business. You are pushing people away on your own.

스스로 자기의 막힌 것은 못 보고 '저 사람을 보니 그 막힌 것을 알겠다.'고 한다. 그러면서 자꾸 남의 일에 간섭하고 개입을 하려 든다면 시간이 지날수록 네 옆에서 사람들이 떠나갈 것이다. 네 스스로 사람들을 밀어내고 있는 것이다.

When someone requests help, help with what has been asked and do not help more than that even if you see something. That's because even though you see where you can help, you were never asked to help with that.

남이 도와 달라고 하면 요청한 것만 딱 도와주고 나서 그 다음 것이 보여도 돕지 말라. 비록 네 눈에 보인다 해도 도와 달라고 한 것이 아니라 그렇다.

If you see an opportunity to help, discuss 'What should we do about that?' You can help once the other party requests for help after the discussion. Then you will hear praise.

만일 네 눈에 도와 줄만한 일이 보인다면 '저것은 어떻게 할 건지?' 하고 의논을 하라. 의논을 하고 나서 도움을 청한다면 그때 도와주면 된다. 그러면 고맙다는 소릴 듣게 된다.

It is not a community service when a knowledgeable one teaches the violin to the needy. One can sense the violin's melody once their circumstances are better. How can they sense the violin's melody when they are frantically living a suffocated life?

지식인이 어려운 이들에게 바이올린을 가르쳐 주는 재능봉사를 한다는데 이것은 봉사가 아니다. 삶의 형편이 좋아져야 바이올린의 선율도 느낄 수 있는 것이지 사는 것이 답답해 미치겠는 사람들에게 바이올린을 가르쳐 준들 그 선율을 제대로 느낄 수는 있겠는가?

They say it's a donation of talent when the knowledgeable ones go up to the poor hillside village to teach violin, but they are bound to cause trouble if they taint the water by introducing a luxurious culture to those who cannot get out of the poor hillside village.

지식인들이 어려운 달동네에 가서 바이올린을 가르치며 재능기부 봉사라고 하는데 어려운 달동네를 못 벗어나 어렵게 사는 사람들에게 고급문화를 자랑을 하고 사는 물을 흐려 놓고 오면 큰일이 나는 법이다.

One will remain static even after 10 or 30 years, if he steps out to help those who are in need. You've only thought of helping others but have you thought about acquiring strength for yourself?

가진 것이 없는 자가 남을 돕겠다고 나서면 10년이 가고 30년이 가도 저는 그 모양, 그 꼴로 밖에 살수 없게 된다. 남을 돕는다고만 살았지. 네 힘을 갖출 생각은 하였는가?

Do not abruptly think to help others. Just because you have a lot of energy doesn't mean you can help others. The strength to help others will come out as much as you have learned and equipped yourself.

섣불리 남을 돕는다 생각하지 마라. 기운이 크다고 남을 도울 수 있는 것이 아니다. 배우고 갖추고 노력한 만큼 남을 도울 수 있는 힘이 나오는 것이다.

Humbly receive help when you are in need. No one will be there to help if you boast even in times of need.

어려울 땐 겸손히 도움을 받아라. 어려우면서도 아닌 척 잘난 체를 하면 너를 도와줄 사람은 아무도 없느니라.

If your strength has fallen, find people to be with and share strength with. It's wise if you know how to borrow other people's strength when you are weak. Therefore, always keep others besides you.

네 힘이 떨어졌으면 어울릴 사람을 찾아 함께 힘을 나누어라. 네가 힘이 없을 때는 남의 힘도 빌릴 줄 알아야 지혜로운 것이니라. 그러니 늘 사람들을 가까이 하라.

It's wise to request help in times of need. Do not forsake loyalty and return the favor to those who have helped you once you recover and regain strength.

어려울 때는 도움을 청할 줄 아는 것도 지혜로운 것이다. 도움을 받고 난 후 네 어려움이 풀려 다시 힘을 갖추거든 그 의리를 저버리지 말고 너를 도와줬던 사람들을 위해서 네가 할 수 있는 일을 찾아서 해주면 되는 것이다.

You can only extract and use 30% of your acquired knowledge, no matter how much knowledge you have. If you extract more than 30% and boast in pretention, the other party will not understand you. When this happens, shut your mouth immediately.

네가 아무리 아는 지식이 많더라도 네가 갖춘 지식의 30%만을 꺼내 쓸 수 있는 법이다. 그 이상을 꺼내 네가 똑똑한 척 지껄여 대면 상대가 이해를 못하게 된다. 이럴 때는 얼른 입을 닫아야 한다.

Shutting your mouth, doesn't apply when other people ask you a question. It means not to open your mouth and intrude before anyone has asked you a question. When someone asks you a question, explain to your best ability so that he may understand.

입을 닫으라는 것은 사람들이 물을 때도 입을 닫으라는 게 아니다. 묻지도 않았는데 먼저 참견하여 입을 열지 말라는 것이다. 누가 물으면 네가 아는 만큼 그 사람을 위해서 이해되게 설명을 해주면 된다.

There must be a reason when you help someone. Helping those without a reason is like giving them poison.

사람을 도울 땐 반드시 명분이 있어야 한다. 명분 없이 사람을 돕는 것은 그에게 독약을 주는 것과 같다.

What kind of justification should I seek when helping someone? It's to help those who work hard.

사람을 도울 땐 어떤 명분을 찾아야 하는가?? 노력하는 사람을 돕겠다는 것이 바로 그 명분이다.

Even when you help people with a justification, you must not help more than 30%. That 30% will be of great help when someone is suffering and weak, therefore he will work hard. However, if you cross that limit, you will instill a habit of dependence instead of giving help.

명분이 있어 사람을 도울 때도 30% 이상 도우면 안 된다. 힘이 없고 어려울 때는 30%만 도와줘도 엄청난 힘이 되니 이 사람은 노력하게 된다. 그러나 이 선을 넘어버리면 힘이 되는 게 아니고 도리어 기대는 버릇이 생기게 된다.

Strange things are happening in this world because someone is giving away money when someone is supposed to spend money to teach and revitalize the strength of a hard worker.

노력하는 사람을 가르치고 그 힘을 소생시키는데다가 돈을 써야지 그냥 돈을 줘버리니 지금 세상에서 희한한 일들이 벌어지는 것이다.

Sharing 나눔

You must share all the answers you have discovered from all the perplexities in society and help people to utilize them together. This is how you shine your light onto society.

네가 어려워서 고민했던 것에 대한 답을 찾아 사회에 알려주고 다 같이 쓰도록 만들어줘야 한다. 이것이 사회에 네 빛을 내는 것이다.

There is a lesson even when you are sick. You will only waste time without learning anything, if you try to recover without knowing the reason why you are sick in the first place.

네 몸이 아픈 것에서도 배울 것이 있거늘 왜 아픔을 겪는지 이유는 모른 체 아픈 것만 나으려고 든다면 배운 것이 없어 쓸모없는 시간낭비만 된다.

You have learned about medicine and discovered your gift in healing through your sickness. Haven't you become a competent healer and have recovered from your sickness through this?

네 몸이 아팠기 때문에 약을 알게 되었고, 치유에 대한 네 소질을 발견하기 시작했고, 이래서 네 병은 없어지고 다른 사람까지 낫게 해주는 능력 있는 사람으로 변했지 않더냐?

Don't just try to fix your sickness but also try to fix other people's sicknesses. Then your sickness will naturally fix itself.

네 아픈 것만 풀려하지 말고 남이 아픈 것을 풀어주려 노력하라. 그러면 너의 아픈 것은 저절로 풀려지느니라.

Don't ask God to fix your sickness but try to fix other people's sickness. Then, God will fix your sickness even when you don't ask.

네가 아픈 것을 하느님께 풀어 달라하지 말고 다른 사람의 아픈 것을 풀어주려고 노력을 하라. 그러면 네가 바라지 않아도 네가 아픈 것은 하느님께서 알아서 풀어주신다.

You will always succeed when you use your strength for others and you will always fail when you use other people's strength to live.

남을 위해서 네 힘을 쓰면 항상 흥하고 남의 힘을 이용해 네가 살고자 하면 항상 망하는 법이니라.

When you don't cherish the other party, he will not work for your sake.

네가 상대를 아끼지 않는데 상대가 너를 위해서 노력하는 법이란 절대 없다.

Even when you open up a small business, ponder on what you will do for society. Then the heavens will protect your business so it will never go bankrupt. The heavens will bless your life even if you don't ask.

작은 상점을 하나 차려도 사회를 위해서 무엇을 할 것인가를 찾아 노력하라. 그러면 이 상점은 절대 망하지 않게 하늘이 보살펴주신다. 네가 잘 살려 들지 않아도 잘 살게 해 주신다.

There is always something you can do for society, even when you are poor. Live with an attitude to move even a small pebble. Then any difficult circumstances will soon be resolved.

네가 어렵고 가난하다고 사회를 위해서 할 일이 없는 것이 아니다. 사회를 위해 조그만 돌멩이 하나라도 함께 거들어 들겠다는 자세로 살아가라. 그러면 어려웠던 환경도 곧 풀릴 것이다.

Even when you have acquired truth, share it with others and examine it first! It's true only if the other person approves it as it is. Until then, humble yourself.

네가 아무리 진리를 얻었을지라도 주위 사람들과 나누어 먼저 점검을 받아라! 이것이 진리인지 아닌지는 상대가 들어보고 인정해야 하는 것이다. 그 전까지는 절대 겸손 하라.

If you think something is good, it is so, when others agree after you have shared and examined it with them. But you might be wrong if a lot of people say it's not right, therefore, reconsider.

네가 좋다고 생각하는 것을 주위사람들에게 나누어 점검을 받고나서 주위 사람들도 다 좋다고 할 때 정말 좋은 것이고 대다수의 사람들이 옳지 않다고 할 때는 옳지 않은 것이니 다시 한 번 생각을 해보아야 한다.

Do not dare to think of wonderful things happening without delighting people around you.

주위 사람들을 기쁘게 하지 않고 네게 기쁜 일이 올 것이라는 생각은 하지도 마라.

You ought to know that when others suffer due to your irresponsibility, you will be the next one to suffer.

네 할 일을 다 하지 못해서 네 주위 사람들이 어려워진다면 네가 바로 그 다음 차례가 될 것이란 것도 알아야 한다.

Study of Work 직장공부

You complain that your major does not match your interest after graduation but you should have tried it out first. Why? Because you can only know whether it matches your interest or not after doing work.

학교를 졸업하고 사회에 나와 적성에 맞지 않는 일을 한다고 불평을 하는데 사실은 이것도 해봄직 한 일이 맞다. 왜냐? 네 적성에 맞고 안 맞고를 그 일을 해봄으로써 알 수 있기 때문이다.

It's not true that there's no work for those who are capable. If one is highly skilled he can just work on something with great mass and if one is not skilled then he can just work on something with low mass. Isn't it true that you can't find work because you are seeking a favorable position without any skills?

실력이 있는데 취직할 자리가 없는 것은 아니다. 실력이 좋으면 좋은 대로 질량 높은 일을 하면 되고 실력이 없으면 없는 대로 질량 낮은 일을 하면 된다. 그런데 실력은 없으면서 좋은 자리를 찾으니 없는 것이 아니냐?

When one first enters a workplace, it is best to keep one's head bowed until he grasps everything that goes in it. You will find work and a place for you, after spending 100 days like that. However, you will get slapped by discordance if you disregard this and recklessly run in to boast.

처음 들어간 직장은 그 안의 사정을 다 알 때까지 고개를 숙이는 것이 최고다. 그렇게 100 일만 지나면 네 할 일이 보이고 네 갈 자리가 보여 공존할 수 있다. 이런 것은 무시한 채 무턱대고 달려들어 잘난 척을 하다간 불협화음에 두드려 맞을 일만 생긴다.

Whichever company you go into, you must not raise your head up during the first 100 days. After you have worked hard for three years, in humble attempt to stay for the long term, you will settle down as an official employee.

어떤 직장에 들어가든 처음 100 일은 절대 고개를 들면 안 된다. 길게 공존하려면 3 년은 겸손하게 배우려는 노력을 해야 정식일원으로서 자리를 잡게 된다.

Why is the working life becoming increasingly difficult and suffocating? When you first start working, you can complete all given tasks easily because they are low in mass. However, as time passes, the mass of the work increases while you have remained static without growing. Therefore, your actions and words become futile by making your life difficult and suffocating.

직장생활이 왜 갈수록 힘들고 갑갑해지는가? 처음 직장에 나가면 낮은 질량의 일들이 주어지니 이때는 쉽게 처리가 된다. 하지만 시간이 가면 갈수록 너에게 오는 일들의 질량이 점점 더 크게 오는데 너는 한 자리에 머물러 크지 않았기에 네 행동과 말이 먹히지 않아 힘들고 갑갑해 지는 것이다.

When you have been given a certain career, it is given so that you can encounter certain circumstances not so that you can just earn money.

네게 어떤 직업을 줬다는 것은 그 직업을 통해 어떠한 환경을 만나도록 해 준 것이지 먹고살라고 돈 벌이를 준 것이 아니었다.

You are able to travel to Africa and Europe due to the career you have. You can now go to places where you couldn't afford to go before and encounter new environments to absorb a lot of information. Things you couldn't even imagine without your career are happening in front of you.

네가 가진 직업 덕분에 아프리카도 가 볼 수 있고 유럽도 가볼 수 있게 된다. 네 돈 들여 못 가던 곳을 가게 되고 새로운 환경을 만나 많은 정보를 흡수할 수 있다. 직업이 없었더라면 어림도 없었던 일들이 네 앞에 펼쳐지는 것이다.

The reason why the heavens gave you a career is to provide support for you to study your portion. However, if you have only consider this as means of making a living and lived without absorbing anything happening around you, then this will only make you an animal who chases after its food.

네게 직업을 준 것은 하늘이 네 공부를 할 수 있도록 뒷바라지를 해 준 것이다. 그런데 이것을 먹고 사는 방편으로만 여겨 여기서 발생하는 환경들을 하나도 흡수를 못하고 배운 것이 없이 지나갔다면 너는 먹이를 쫓아다닌 동물밖에 안 되는 것이다.

The day will come where your spot will be taken away, if you blame your career without utilizing an extremely favorable environment given through it. Then you will say, "How should I make a living now?" This means you have become like an animal that only cares about making a living.

직업을 통해 엄청나게 좋은 공부 환경을 주었건만 바르게 쓰진 못하고 네 직업을 탓하고 있으면 그 자리마저도 뺏길 날이 온다. 그리곤 '이젠 뭐 해 먹고 사나?' 이런 소리가 네 입에서 나온다. 이것은 네가 먹고 살기만을 바라는 동물이 되었다는 뜻이다.

When you are asked to leave the company, this means you have been holding your position for too long without studying. The company is kicking you out by referring to excuses such as early retirement in order to end the term that enabled you to study under the company's support.

직장에서 나가라 할 때는 공부는 하지 않은 채 너무 오래 버텨서 쫓겨나는 것이다. 직장에서 지원을 받고 공부할 수 있는 기간이 끝나도록 열심히 공부하지 않았기에 조기퇴직, 명예퇴직이라 핑계를 대서 쫓아내는 것이다.

Study of Society 사회 공부

You will not receive abundant funds while studying in society.
But you will receive essential needs.

사회에 나와 공부를 할 동안은 사회에서 풍족한 경비를
받을 수는 없을 것이다. 그러나 필요한 만큼은 분명히 올
것이다.

When society provides you with little funds, it is trying to make you into a hard worker. You will encounter failure by digressing from the designated path if you are provided with excessive funds while studying.

사회에서 경비를 조금 줄때는 열심히 노력하는 사람을 만들려고 하는 것이다. 공부하는 동안 경비를 넘치게 주면 네가 가야 될 길이 아닌 곳으로 가게 되니 나중에 큰 낭패를 보게 된다.

When society gives you a condition, it's giving you the right one. Be thankful whether it gives you little or a lot and continue to study hard.

사회가 주는 조건은 너에게 정확하게 주는 것이다. 적게 주면 적게 주는 대로 감사하고 많이 주면 많이 주는 대로 감사하며 열심히 공부해 나가라.

Do not complaint to society. You will pay the price when you get old.

사회에 어떤 불만도 하지마라. 불만을 한 대가는 나이가 들어서 분명히 돌아온다.

You would've became a hero who fortified the citizens if you had built up skills inside and had an exceptional approach to this world through studying about society. But life has become difficult for you since you did not build up any skills through studying and only lived to make a living.

네가 사회공부를 하면서 왔더라면 안으로 실력이 쌓여 오늘날 세상을 보는 눈이 다르고 세상을 만져 나가는 실력이 자라 국민들에게 힘이 되는 영웅이 되었을 것이다. 그런데 네가 공부를 하며 실력을 쌓은 것이 아니고 먹고 살기 위해서만 살다보니 이처럼 어려워진 것이다.

You become sick if you continue to criticize society. If you constantly fight the big massed society with your little mass, your energy will get depleted and you'll become sick.

사회를 자꾸 비판하면 네가 병이 든다. 네 작은 질량으로 질량이 큰 사회와 자꾸 맞서 싸우면 네 에너지가 소진되어 마침내 병이 드는 것이다.

You are suppressing your life when you criticize society. It's because you'll hate society once your critique becomes excessive and you want to depart from it.

사회를 불평하는 것은 네 목숨을 재촉 하는 일이다. 사회에 대한 불평이 심해지면 사회가 싫어 스스로 세상을 떠나고 싶어지기 때문이다.

You cannot just look at the individual phenomenon when big incidents occur in society. You must look at the overall picture of society and figure out the reasons why those incidents have occurred. This is the responsibility of the knowledgeable ones.

사회에 큰 사건들이 일어날 때는 그 현상만 보면 안 된다. 사회의 총체적인 면을 보고 왜 그런 일이 일어 날 수밖에 없었는지 그 원인을 찾아내야 한다. 이런 것이 지식인들이 찾아 주어야 할 몫이다.

Even after the economic boom and fortification of society, people still live difficult lives. It's not because we lack wealth but it's because we have fallen into a dilemma not knowing how to utilize all the wealth.

인류의 경제가 크게 일어나고 사회는 부강해 졌지만 사람들이 사는 것은 여전히 어렵다. 경제가 없어서 어려운 것이 아니라 쌓아놓은 경제를 바르게 운행하는 방법을 몰라 딜레마에 빠져 그렇다.

Management of an Association, Organization
조직, 단체의 운용

If there's someone complaining in the organization, look for the reason, and if you can't solve it, let the person leave. Do not worry about getting uncomfortable with the empty space he has left you with. Mother Nature will send you an appropriate person again, according to the law of management.

조직 안에 불평을 하는 사람이 있다면 왜 불평을 하는지 그 원인을 알아보고 그 불평을 해소시킬 수 없다면 그 사람을 떠나게 하라. 그 사람이 떠난 빈자리가 불편할까도 걱정하지 마라. 대자연이 그 운용법칙에 따라 그 자리에 맞는 사람을 다시 보내준다.

If you want to establish an organization, create a purpose, a rule, and a mission to work hard for. Then gather people around who will align with the cause.

조직을 만들고 싶다면 명분을 만들고 규칙을 만들고 무엇을 위해서 노력할지 주제를 잡으라. 그리고 거기에 뜻을 맞출 수 있는 사람들을 모으라.

If you meet other people and combine your strength, you will solve problems you couldn't have solved on your own. This is known as Mother Nature's law of relation.

사람을 만나 힘을 합치면 네가 못 풀던 문제를 풀게 돼 있다. 이것이 천지대자연이 주는 인연법이다.

The energy of Mother Nature migrates by moving. Humans are also energy. Therefore, you will migrate toward people who are at your level and mass. When you meet people of your level and mass and fusion occurs, you will be able to shine your light.

대자연의 에너지는 항상 움직여 이동한다. 인간도 에너지다. 그래서 너하고 질량과 수준이 맞는 사람들을 찾아 이동하게 된다. 질량과 수준이 맞는 사람들을 만나 융합을 일으켜 낼 때 비로소 빛을 낼 수 있다.

We are combining one person's thought with that of another person because one's thought is not enough. New mass energy comes out when you squeeze and fuse the ideas of different people. Then the power will grow tremendously.

네 생각만으로는 힘이 모자라기에 저 사람의 생각을 융합시키는 것이다. 더 많은 사람들의 생각을 끌어넣어 융합시킬수록 새로운 질량의 에너지가 쏟아져 나와 그 힘은 엄청나게 커진다.

When a big organization is established, people of different classes and mass all come together. You will benefit if you meet someone who is 30% higher in mass than you but if you approach someone who's 70% higher in mass than you, you will get slapped due to a difference in the level.

큰 단체가 구성되면 신분이 다르고 질량이 다른 사람들이 한 자리에 모인다. 그 곳에서 너보다 30% 질량이 위인 사람을 만나면 덕을 보지만 너보다 질량이 70% 위인 윗사람에게 접근을 하면 수준이 안 맞아 도리어 한 대 맞을 일이 생긴다.

When an organization forms, different kinds of people all come. It makes you study by assembling the variety of people.

단체가 구성 될 때는 이런 사람, 저런 사람이 다 온다. 온갖 구색을 다 맞춰가지고 네 공부를 시키는 것이다.

Indolent people are found in all organizations. Even if you think it's a loss to work more than that person, there will be a time you'll need him and will be embarrassed without him. That person is also doing his portion within the organization.

조직마다 게으른 사람이 있다. 네가 저 사람보다 일을 많이 해서 손해 본 것 같아도 저 사람이 꼭 필요할 때가 있고, 저 사람이 없으면 곤란할 때가 있기 마련이다. 저 사람 역시 조직에서 그만한 몫의 일을 하고 있는 것이다.

Diligent people usually excuse trivial mistakes due to their diligence. But lazy people are hideous and only speak hateful words. Therefore, they are also fulfilling their responsibilities. How can you realize your mistakes if there's no one who criticizes?

부지런한 사람은 부지런한 것 하나 때문에 어지간한 잘못은 묻어주고 지나간다. 그런데 게으른 사람은 말하는 것도 밉상에다 싫은 말만 골라 한다. 그러나 그 사람 역시 자기 역할을 하고 있는 것이다. 듣기 싫은 말을 해 주는 사람이 없다면 네 잘못을 깨우칠 수가 없지 않는가?

Why do you need to respect others? It's because you need to acquire the mass that you lack from others and give your mass to those who are deficient.

왜 상대를 존중해야 하는가? 상대에게 모자라는 질량은 네가 주고 네게 없는 질량은 상대에게 받아야하기 때문이다.

Respect others. You will not be respected if you don't respect others and when that happens we cannot combine our mass to generate greater strength.

상대를 존중하라. 상대를 존중하지 못하면 네가 존중받지 못하고 그러면 우리가 안에 있는 질량들을 융합시킬 수가 없어 큰 힘을 일으켜 내지 못하는 법이다.

If you fail to respect others then you won't be able to share and use their energy, therefore you cannot accomplish anything in this era. This is an era of high mass density because with your strength it is too weak to accomplish anything.

상대를 존중하지 못하면 상대의 힘을 나눠 쓸 수 없게 되나니 이래선 아무것도 할 수 없는 세상이다. 오늘날의 사회는 고질량의 사회라 너 하나만의 힘만으로는 질량이 너무 낮아 아무 일도 되질 않기 때문이다.

In order to shine the light in current society, you have to combine at least three people's energy. You cannot accomplish this by boasting alone. It's because every person is equipped with knowledge.

오늘날의 사회에서 빛을 내기 위해서는 아무리 적어도 3명의 에너지질량이 융합되어야 한다. 너 혼자 잘났다고 되는 세상이 아니다. 모두가 지식을 갖춘 사회라 그렇다.

This is an era of fusion. It's an era where we must create projects and content by fusing our mass. No useful content and projects will come out if we don't fuse.

오늘날은 융합의 시대이다. 너와 나의 질량을 융합해서 세상에 필요한 새로운 프로젝트를 만들어 내고 콘텐츠를 만들어 내야 하는 시대다. 융합을 하지 않으면 세상에 필요한 프로젝트, 콘텐츠란 절대 나오지 않는다.

If members don't respect each other's opinion when the organization has gathered enough people, it fails to fuse and shine light, thus, it will begin to breakdown.

모임단체에 어느 정도 사람들은 모였는데 서로의 생각을 존중하지 않아 융합이 일어나지 않고 빛을 내지 못한다면 이제부터 그 조직은 분열하기 시작할 것이다.

This is an era of fusion. The reason why we establish an organization is to combine the strength to fuse and generate the light of wisdom. The reason why this society is unable to use its strength is because everyone is individually divided.

오늘은 융합의 시대이다. 모임단체를 결성하는 이유의 힘을 모으고 융합을 일으켜 지혜의 빛을 일으키기 위함이다. 지금 사회가 힘을 쓰지 못하는 이유는 전부가 개인으로 분열이 되어있기에 그렇다.

Fusion will occur and shed light according to how much we respect each other and work hard. Fusion will never happen if you close your heart and divide your portion from others and fear loss.

우리가 서로 존중하고 노력하는 만큼 융합이 일어나 빛을 낸다. 마음을 닫고 내 것과 네 것을 구분하고 손해를 볼까봐 서로 눈치를 보아서는 융합이란 절대 일어나지 않는다.

No matter how small an organization, it will shed a tremendous amount of light when it gathers each other's heart and causes fusion.

아무리 작은 집단이라도 마음을 합쳐 융합을 일으켜낼 때 엄청난 빛을 발하게 될 것이다.

You cannot open someone's heart just by holding their hand or kissing them. Their heart will open itself up once trust has been built.

사람의 마음은 손잡는다고 열어지고 뽀뽀한다고 열어지는 것이 아니다. 신뢰가 쌓이면 저절로 열리는 것이 사람의 마음이다.

Processing Work 일처리

You ought not to push your opinion when you have a discussion with a person of high position. You should be satisfied when you assert your opinion and 30% of it gets reflected. You should be extremely thankful if 70% of it is reflected. But it can never be reflected 100%. This is called an order.

윗사람과 의논을 할 때는 네 주장을 들이대선 안 되는 법이다. 의논을 드려서 네 의견이 30%가 반영이 되면 그것으로 만족을 해야 한다. 70%가 반영이 된다면 너무 고마운 것이다. 하지만 절대 100%를 다 반영 할 수는 없다. 이것이 질서다.

In everything, you are working hard to harvest 30% of the result. Once you have acquired that 30%, your circumstance will improve. If you work hard to harvest another 30% with this, your work will become very easy.

모든 일은 30%의 결과를 얻기 위해서 최선을 다하는 것이다. 이렇게 30%를 얻고 나면 환경이 좋아진다. 이걸 가지고 다시 노력을 해서 또 30%를 얻어낼 수 있도록 하면 일은 굉장히 쉬워진다.

You must always accomplish 30% of the work at a time. After you have completed 30%, you will acquire a foundation and an environment to complete the next 30%, therefore the next task becomes easy.

항상 일은 30%씩 처리해나가야 한다. 30% 처리하고 나면 그 위의 30%를 처리할 수 있는 바탕과 환경이 만들어지게 되어 다음 일이 쉬워진다.

If you try to harvest 70% of results from a single attempt, then you must invest a lot of time and account for risk. If it doesn't work out, eventually, you will face great loss.

일을 처리할 때 한 몫에 70%의 결과를 얻으려고 하면 시간도 많이 투자해야 되고 무리수를 둬야 한다. 그러다가 결국 안 되면 손해만 막심해진다.

Do your work even though the world doesn't recognize your work. You ought to do work because you see it and know it's yours, not to receive compensation.

세상이 알아주지 않더라도 네 할 일은 네가 해 나가라. 누구한테 보상을 받자는 것도 아니고, 그저 네 눈에 보이고 네가 알기에 하는 것뿐이다.

When you get tired of your work, do not force yourself and take your hands off. Only accidents will happen if you do something you don't want to do. Do not force others to do something they don't want. You will only bring great loss by forcing them.

네가 하는 일이 싫증이 날 때는 억지로 하지 말고 손을 떼라. 싫증나는 일을 억지로 하면 지금부터 사고만 난다. 남이 싫어하는 일도 억지로 시키지 마라. 억지로 시키면 사고를 불러 더 큰 손해를 보게 된다.

About the Author

Shihyun Kim was born in South Korea and now lives in Amherst, MA. She obtained her Ph.D. in Religious Studies from the Academy of Korean Studies in 2011, and then taught at the San Diego State University, University of Massachusetts at Amherst, Smith College, and Mount Holyoke College. She is a teacher and researcher of Korean language, history, religion, and culture. She has committed herself to introduce a new paradigm to the Western world for the development of a new human civilization.